AF549959

Andrea Gräupel/Stefan Müller

Alamannen-Kochbuch

Zauberfeder Verlag, Braunschweig, Germany

Andrea Gräupel, Stefan Müller
Alamannen-Kochbuch

Originalausgabe © 2010 Fel!x AG

Erste Auflage der überarbeiteten Neuausgabe 2024

Copyright © 2024 Zauberfeder GmbH, Braunschweig

Text: Andrea Gräupel, Stefan Müller
Lektorat: Stephan Naguschewski
Fotos: Andrea Gräupel und Stefan Müller, mit Ausnahme der unter Einzelbildnachweise genannten
Art Direktion: Christian Schmal
Satz und Layout: Heike Philipp, Christian Schmal
Herstellung: Tara Moritzen
Druck und Bindung: Dardedze hologrāfija SIA, Riga

Einzelbildnachweise
Verlag FEL!X AG (Archiv), Seiten 56, 62 und 69.

Alle Rechte vorbehalten.
Kein Teil dieses Werkes darf ohne schriftliche Einwilligung des Verlags in irgendeiner Form (Fotokopie, Mikrofilm oder ein anderes Verfahren) reproduziert oder unter Verwendung elektronischer Systeme verarbeitet, vervielfältigt oder verbreitet werden.

Printed in Latvia
ISBN: 978-3-96481-027-4
www.zauberfeder.de

Hinweis:
Das vorliegende Buch ist sorgfältig erarbeitet worden. Dennoch erfolgen alle Angaben ohne Gewähr.
Autoren und Verlag bzw. dessen Beauftragte können für eventuelle Personen-, Sach- oder Vermögensschäden keine Haftung übernehmen.

ANDREA GRÄUPEL/STEFAN MÜLLER

ALAMANNEN KOCHBUCH

Inhaltsverzeichnis

Vorwort

Die Alamannen sind, wie die Germanen allgemein, ein der breiten Masse heute oftmals unbekanntes Volk, dessen Leben und Wirken zu einem großen Teil noch im Dunkeln liegt. Die Forschung der letzten Jahrzehnte erhellte jedoch viele Bereiche unserer Vorfahren, sodass man von dem Klischee des barbarisch dargestellten, biertrinkenden Bärenfellträgers oder des blonden arischen Kämpfers weggekommen ist.

Die Alamannen besiedelten nach Aufgabe des obergermanisch-rätischen Limes durch die Römer ab ca. 260 n. Chr. Südwestdeutschland. In der weiteren Folge wurden auch das Elsass, die nördliche Schweiz und das österreichische Vorarlberg Siedlungsgebiet der Alamannen.

Die Mischung und der Zusammenschluss germanischer Stämme verschiedenster Herkunft prägten die Region politisch und letztendlich auch kulturell.

Die alamannische Küche dürfte daher grundsätzlich aus dem Germanischen stammen, sich jedoch ebenfalls stark an andere Kulturen, vor allem an die römische, anlehnen. Leider hinterließen die Alamannen keine schriftlichen Zeugnisse. Insofern ist man auf die archäologischen Funde und Befunde sowie auf die Schriftzeugnisse historischer Schriftsteller anderer Kulturen angewiesen.

Wir haben daher versucht, anhand dieser Quellen Rezepte zu erstellen, wie sie zur Zeit der Alamannen Anwendung gefunden haben könnten. Wir erheben bei unseren Rezepten keinen Anspruch darauf, dass diese tatsächlich so überliefert sind oder im archäologischen Kontext erfasst wurden, sondern es handelt sich um selbst entworfene Rezepte mit Zutaten aus der Zeit der Spätantike und des Frühmittelalters. Hierzu mussten wir uns sowohl am Römischen als auch am Mittelalterlichen orientieren und versuchten einen Mittelweg zu finden. Allerdings haben wir auch unserer Fantasie freien Lauf gelassen.

Dieses Kochbuch zeigt, wie aus heimischen Kräutern und eingeführten mediterranen Zutaten durchaus schmackhafte und nahrhafte Gerichte aus einer eher unbekannten Epoche zubereitet werden können.

Erfreut euch mit leicht nachzukochenden Rezepten an der kulinarischen Aufhellung einer längst vergangenen und vergessenen Zeit.

Stefan Müller (Frodi, Häuptling der Raetovarier)
Andrea Gräupel (Amalind, Köchin der Raetovarier)

Historischer Hintergrund

Wer waren die Alamannen?

Die Alamannen traten zum ersten Mal im 3. Jahrhundert nach Christus ins Licht der Geschichte. In den Jahren 259/260 n. Chr. gelang es germanischen Stämmen, den Limes in breiter Front zu überschreiten, bis nach Oberitalien vorzurücken und das durch innenpolitische Probleme zerrüttete Imperium Romanum zu erschüttern. In der Folge wurde das sogenannte Dekumatland von den Römern aufgegeben und durch den nachfolgenden germanischen Verband aufgesiedelt.

Dieser Verband, in seinem Kern vermutlich vom Stamm der Sueben, wird erstmals sicher in einer 289 n. Chr. in Trier gehaltenen Lobrede des Mamertinus auf den römischen Kaiser Maximian als „Alamanni“ bezeichnet.

Nach dem Einbruch der Alamannen in das Imperium Romanum lebten diese zwar in einer nachbarschaftlichen Koexistenz entlang des „nassen Li-

mes“ (Donau/Rhein) mit den Römern, doch folgte ein Kriegszustand, der rund 150 Jahre andauerte. Und dennoch finden wir in den Kriegsberichtserstattungen und den Schriften römischer Schriftsteller, zum Beispiel von Ammianus Marcellinus, Hinweise darauf, dass Alamannen auch in römischem Dienst standen und einen Wehrdienst verrichteten. Oftmals bekleideten Alamannen sogar hohe und höchste Ämter bei den Römern. Umgekehrt dürften Römer bei den Alamannen gewesen sein, zumindest römische Händler, die laut der erwähnten Schriften Waren und sogar Sklaven in Grenznähe verkauften. Des Weiteren ist anzunehmen, dass Alamannen, welche ihren Dienst bei den Römern abgeleistet hatten, sich als Händler verselbstständigten, da sie um die Bedürfnisse und Wünsche sowohl auf römischer als auch alamannischer Seite wussten.

Es liegen archäologische Funde eines grenzüberschreitenden Handels vor. Funde von römischen Töpfereien (Terra Sigillata/Terra Nigra), Reibschalen, Gläser und Militärgürtel belegen Wehrdienste, Raubzüge oder Handelsbeziehungen und die Nutzung römischer Ware. Auf alamannischer Seite dürften daher fundierte Kenntnisse über die Lebensart und Lebensweise der Römer vorhanden gewesen sein. Somit ist durch die lange römisch-germanische Nachbarschaft von einer gegenseitigen Beeinflussung oder Anpassung auszugehen, quasi ein römischer Lebensstil im freien Germanien.

Einen weiteren Wandel und neue Einflüsse brachte sicherlich die Völkerwanderungszeit mit sich. Diese im Jahr 375 n. Chr. durch den Angriff der Hunnen ausgelöste Katastrophe veranlasste viele germanische Stämme zur Aufgabe ihrer einstigen Siedlungsgebiete. Es folgten Wanderungen, Kämpfe und Besiedlungen neuer Gebiete. Hiervon wurden auch die Alamannen nicht verschont.

Nach einer Niederlage gegen den Frankenkönig Chlodwig 496/497 n. Chr. in der Schlacht zu Zülpich und vermutlich einer zweiten Niederlage 506 n. Chr. kam ein großer Teil der Alamannen unter fränkische Herrschaft. Die Eingliederung Alamanniens in das fränkische Reich ist archäologisch eindeutig nachzuweisen. Infolgedessen ist anzunehmen, dass eine Beeinflussung der Ess- und Kochgewohnheiten stattgefunden hat.

746 n. Chr. schlug Karlmann, ein fränkischer Hausmeier, einen letzten Aufstand in Alamannien nieder. Anschließend hielt er in Bad Cannstatt eine Versammlung ab, bei welcher alle alamannischen Herzöge nach einer List erschlagen wurden. Nach diesem sogenannten Blutgericht zu Cannstatt endete das alamannische Herzogtum.

Wirtschaft und Ernährung

In den vorchristlichen Jahrtausenden kam der Ackerbau langsam von Mesopotamien über die Ägäis und den Bosporus bis in das südliche Mitteleuropa und erstreckte sich dann langsam auch über das nördliche Mitteleuropa. So kamen aus dem Vorderen Orient die wichtigsten Getreidesorten wie Weizen und Gerste nach Mitteleuropa, ferner Hülsenfrüchte wie Linse und Erbse und vieles mehr. Im Laufe der Zeit wandelten sich die Getreidesorten und es wurden hauptsächlich Gerste, Roggen und Hafer kultiviert, wobei die Gerste von größerer Bedeutung blieb. Hinzu kam noch die Viehzucht, welche ebenfalls über die Jahrhunderte und Jahrtausende hinweg verbessert wurde.

Ackerbau und Viehzucht gab es also auch bei den Germanen und später bei den Alamannen. Grabungen und botanische Untersuchungen zur Völkerwanderungszeit und zum frühen Mittelalter ergaben viele Funde verkohlter Kulturpflanzen. Hierbei handelt es sich überwiegend um Getreide, was eine Landwirtschaft, vorwiegend Ackerbau, belegt. Die breite Vielfalt an Getreidesorten deutet auf eine Selbstversorgung der einzelnen Gehöfte hin. Dominierend war jedoch stets die Gerste.

Auch die Nutzung von Einkorn, Dinkel, Emmer, Nacktweizen, Hafer und Roggen sowie Ölpflanzen (vor allem Lein) und (Wild-)Obst (z. B. Himbeeren, Brombeeren, Birnen, Holunder usw.) ist nachgewiesen. Besonders wichtig waren Hülsenfrüchte, hauptsächlich die Linse, die zugleich eine Versorgung mit pflanzlichem Protein bedeutete.

In der Völkerwanderungszeit überwogen Ackerunkräuter. Durch die wechselnde Bewirtschaftung der Äcker blieben diese auch ohne Düngung fruchtbar. Zur Völkerwanderungszeit war das Land jedoch dünn besiedelt und dadurch größtenteils wieder dicht bewaldet.

Zur Merowingerzeit war nach wie vor der Ackerbau die existenzielle Grundlage. Die Landwirtschaft prägte die alamannischen Siedlungen. Während die Römer große, weite Felder mit nur einer Getreideart bebauten, bepflanzten die Alamannen kleine Felder mit Gerste, Dinkel, Hafer und anderen Getreidesorten jeweils nur für den Eigenbedarf der jeweiligen Gehöfte. Die vielfältige Mischung der Sorten verringerte die Gefahr der Missernten und der Hungersnot, der Fruchtwechsel ersetzte wieder die Düngung und beugte einer Bodenermüdung vor. Während die Alamannen zunächst eine Feld-Gras-Wirtschaft betrieben, also in regelmäßigen Abständen die Felder als Viehweide nutzten, gingen sie vermutlich in der Merowingerzeit zur Dreifelderwirtschaft über.

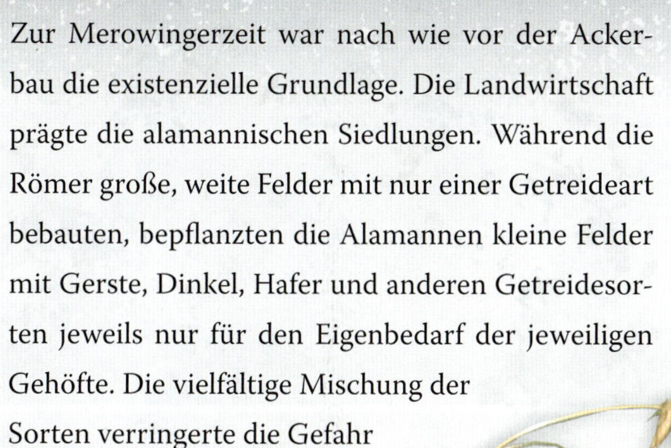

In der Merowingerzeit wurden Gerste, Dinkel, Hafer, Einkorn, Roggen und eine Nacktweizenart angebaut, die vorher lediglich aus jungsteinzeitlichen Feuchtbodensiedlungen im Alpenvorland

bekannt war. Emmer war bedeutungslos und zur Hirse fehlen leider die Funde. Je nach Gegend variierte die Nutzung der Sorten, was mitunter an den Gepflogenheiten der Bewohner, dem Vorrat und auch der Beschaffenheit des Bodens lag. Somit lag kein einheitlicher, kultureller Trend zur hauptsächlichen Nutzung einer Sorte vor. Mitte des 7. Jahrhunderts wurde zum Beispiel in Lauchheim die Gerste von Dinkel, Hafer und Nacktweizen abgelöst, während in Mühlheim-Stetten Nacktweizen gefolgt von Dinkel am häufigsten war.

Funde aus den Gräbern von Oberflacht zeigten bereits, dass die Alamannen auch andere Kulturpflanzen als die üblichen Feldfrüchte kannten. Die Reste der pflanzlichen Grabbeigaben aus Lauchheim (Ostalbkreis, Baden-Württemberg) bestätigten dies. So wurden dort in dem auf das Jahr 703 datierte Grab 27 Koriander, Dill, Kohl, Petersilie, Bohnenkraut und Runkelrübe/Mangold als Beigaben für das Jenseits gefunden. Ferner konnten Schlehe, Pflaume, Kirsche, Kornelkirsche und sogar Feige nachgewiesen werden. Weitere Gewürz- und Gemüsepflanzen beziehungsweise Kultursorten sind aus Igersheim bekannt, wie Bohnenkraut, Senf, Kirsche und Feige, aus Mühlheim-Stetten die Weintraube, wobei hier ein Feigenkern sogar aus der Völkerwanderungszeit datiert. Hinzu kamen an verschiedenen weiteren Orten Majoran, Hopfen und teilweise der Anbau von Weintrauben.

Da diese Pflanzen aus dem Mittelmeerraum stammten und ohne gärtnerische Betreuung hierzulande nicht überlebt hätten, können die direkte Übernahme und das Weiterführen der römischen Gartenkultur angenommen werden. Eine Angleichung oder teils komplette Übernahme der Ess- und Kochkultur ist daher nicht gänzlich auszuschließen, jedoch in den seltensten Fällen nachzuweisen. Sicherlich gab es noch viele andere Einflüsse durch andere Völker und Kulturen. Diese Einflüsse und auch viele Ressourcen müssen jedoch größtenteils endemisch betrachtet werden (zum Beispiel bedeutender Roggenanbau in fränkischer Nähe). Es zeigt, die Welt der Alamannen war nicht in sich verschlossen, sondern es bestanden Handelsbeziehungen für exotische Waren in nahezu die gesamte damals bekannte Welt.

Aber der Anbau von Ölpflanzen wie Lein und das Sammeln von (Wild-)Obst, Nüssen und Beeren hat-

ten nach wie vor einen hohen Stellenwert, ebenso möglicherweise Löwenzahn, Brennnesseln, Bärlauch oder auch die Knospen der Disteln.

Zwar ernährten sich die Alamannen größtenteils vegetarisch, jedoch nicht ausschließlich. Ein Braten als Festmahl rundete den Speiseplan ab, und auch sonst spielte die Tierhaltung für die frühmittelalterliche Ernährung und als Grabbeigabe eine große Rolle.

Viele der Haus- und Wildtiere sind in den alamannischen Gesetzen (hier: *lex alamannorum*) aufgeführt, wie zum Beispiel Pferd, Stier, Milchkuh, Ochse, Schwein, Schaf, Hund, Wisent, Rot- und Schwarzwild, Hirsch, Bär, Steinbock, Kranich, Gans, Ente, Storch und Hühner sowie Wildvögel wie Elster und Falke.

In den Siedlungen wurden Schweine und Rinder gezüchtet, wobei die Bedeutung der Rinderzucht aus römischer Zeit allmählich zurückging und die Tiere an Größe und Qualität verloren. Die Römer züchteten Rinder mit 130–150 Zentimeter Widerristhöhe. Endemische Kühe (germanisch und mittelalterlich) kamen auf einen Widerrist von knapp einem Meter. Männliche Tiere erreichten die 130 Zentimeter nicht.

Die Funde aus Grabungen zeigen, dass das Rind im Frühmittelalter an Bedeutung verlor und der Haltung von Schweinen als Schlachttier offenbar größere Bedeutung beigemessen wurde. Dies ist zum Teil auch bei den Grabbeigaben vom 6. auf das 7. Jahrhundert zu beobachten.

Die Römer hatten den Alamannen nicht nur die Hauskatze hinterlassen, sondern auch Nutztiere wie Enten und Gänse. Fleisch von kleineren Nutztieren, wie Hühnern, Gänsen und Enten, könnte durchaus in der täglichen Nahrungszubereitung und -aufnahme eine größere Bedeutung gehabt haben, als es die

Fundlage vermuten lässt. Während die teils zahlreichen Knochenfunde von Hühnern in den Gräbern auf eine gezielte Niederlegung zurückgehen, muss bezüglich des eher geringen Fundanteils in den Siedlungen ein Schwund durch Tierverbiss (Hund/ Schwein) in Betracht gezogen werden.

Wir können dennoch davon ausgehen, dass Fleisch sowohl von großem wie auch von kleinem Nutztier und Fisch nicht nur zu besonderen Festtagen verzehrt wurde, sondern zu der täglichen Ernährung gehörte. Das täglich dürfen wir hier jedoch nicht wörtlich nehmen.

Weitere Befunde aus den Siedlungsgrabungen zeigen, dass die Jagd wiederum eine eher unbedeutende Rolle bei den Alamannen spielte. Die Alamannen versorgten sich mit Wasser aus Brunnen oder fließenden Gewässern. Doch tranken die Alamannen nicht allein nur Wasser, sondern auch Fruchtsäfte (vielleicht manchmal vergoren), Met, Bier und Wein. Denkbar sind außerdem Kräutergetränke, welche sicherlich auch für gesundheitliche Zwecke verwendet wurden. Ferner dürfte Milch getrunken worden sein, und Butter und Rahm wurden hergestellt.

Da die meisten pflanzlichen oder tierischen Lebensmittel schnell verdarben, mussten sie haltbar gemacht werden. Zum Konservieren fanden mehrere Verfahren Anwendung, so zum Beispiel die wohl älteste Form der Konservierung, das Trocknen oder Dörren. Ferner kannte man Räuchern, was vielleicht im Rauchabzug des Wohnhauses beziehungsweise durch das Aufhängen an der Decke, wenn kein Rauchabzug vorhanden war, geschah, sowie das Pökeln, welches wohl vornehmlich bei Fleisch und Fisch angewandt wurde. Doch Salz war wertvoll und musste über den Handel erworben werden, sodass davon auszugehen ist, dass Salz eher zum Würzen als zum Pökeln genutzt wurde.

Allgemeines

Das Siedlungsbild prägten landwirtschaftliche Weiler und/oder Einzelgehöfte. Die Häuser wurden aus Holz und Lehm in Form von Pfostenbauten errichtet. Holz war der hauptsächliche Bau- und Werkstoff der Alamannen. Da sich organische Materialien über die Jahrhunderte nur selten erhalten, sind Funde aus Feuchtbodenerhaltungen, wie zum Beispiel aus Trossingen und Oberflacht (beide Baden-Württemberg), oder aber auch aus Lauchheim von größter Bedeutung. Ansonsten ist

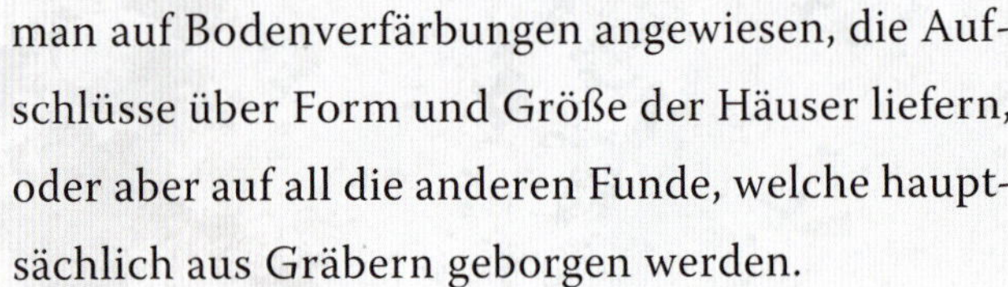

man auf Bodenverfärbungen angewiesen, die Aufschlüsse über Form und Größe der Häuser liefern, oder aber auf all die anderen Funde, welche hauptsächlich aus Gräbern geborgen werden.

Wir wissen, dass die Alamannen Selbstversorger waren und hierfür Ackerbau betrieben und Vieh hielten. Zur Unterstützung der harten Feldarbeit wurden verschiedene Gerätschaften wie zum Beispiel Pflüge eingesetzt. Dass diese Geräte große Bedeutung für die Alamannen hatten, zeigen Grabbeigaben wie eiserne Pflugscharen. Auch Funde von Sensen und Sicheln belegen, dass sich die Bauern dadurch die Ernte erleichterten. Eine Erleichterung beim Zermahlen des Getreides brachten Wassermühlen, wie sie mancherorts gefunden wurden. Teilweise wurden hochwertige Mühlsteine importiert, um entsprechend hochwertiges Mehl zu erhalten. Aber nicht jede Siedlung verfügte über Wassermühlen, sodass Handmühlen als täglich im Gebrauch erachtet werden können.

Zahlreiche Funde von Webgewichten, Nadeln und Spinnwirteln bezeugen die Textilverarbeitung, welche auf nahezu jedem Gehöft selbst bewerkstelligt wurde. Viele weitere Funde von Werkzeugen oder anderen Gegenständen belegen Handwerke, welche Berufe hervorbrachten, die wiederum bis heute Bestand haben. Somit prägten Landwirtschaft, Viehzucht und harte Arbeit den Alltag der Alamannen. Doch Funde von beispielsweise Gläsern, Trinkhörnern und Spielsteinen zeugen auch von einer gesellschaftlichen Abwechslung, welche den rauen Alltag vergessen ließ. Und gehört hierzu nicht ein schmackhaftes Mahl?

Und nun genießt Andreas Kreationen, in deren Genuss ich bei der Erstellung dieses Buches, aber auch bei unseren sonstigen Treffen kam. Hoffentlich habt ihr so viel Freude und Spaß am Kochen und Essen wie Andrea und ich.

Stefan Müller

ZUM SCHLÜRFEN

SUPPEN/SUPPENEINLAGEN

Bohnensuppe

Für 4 Personen

Zutaten

300 g getrocknete weiße Bohnen (Saubohnen)
1 Zwiebel
2 Karotten
1 l Gemüsebrühe
4 Wacholderbeeren
2 Nelken
2 Lorbeerblätter
Sahne
Salz, Pfeffer
1 TL Korianderkörner
1 TL Kerbel
50 g Butter
Brot
etwas Öl
Knoblauch

Zubereitung

- Die Bohnen über Nacht in Wasser einlegen.
- Zwiebel und Karotten schälen und in Würfel schneiden.
- Bohnen abseihen und mit den Zwiebeln und Karotten in einen Kessel geben und kurz andünsten. Mit der Gemüsebrühe ablöschen.
- Wacholder, Nelken und Lorbeer in ein Säckchen geben, dieses zubinden, dazugeben und alles bei mäßiger Hitze köcheln lassen, bis es bissfest gegart ist.
- Anschließend alles herausnehmen, das Säckchen extra legen und alles gut abtropfen lassen. In eine Schüssel geben und fein im Mörser zerstampfen.
- Die Bohnenbrühe mit der Sahne und dem Bohnenpüree verrühren und so viel Bohnenbrühe angießen, dass eine sämige Masse entsteht.
- Das Ganze erneut in einem Kessel erhitzen. Mit den Gewürzen und Kräutern abschmecken und die Butter unterschlagen. Die restliche Sahne unter die Suppe rühren und wenn nötig nochmals abschmecken.
- Brot in kleine Würfel schneiden. Öl und Knoblauch in einer Pfanne erhitzen und die Brotwürfel darin goldgelb anbraten.
- Diese nun zur Suppe reichen.

Erbsenbrühe

Für 6 Personen

Zutaten

2 Zwiebeln
2 Karotten
½ Knolle Sellerie
2 Stangen Lauch
etwas Petersilie
2 Lorbeerblätter
3 Nelken
4 Wacholderbeeren
150 g getrocknete und ungeschälte Erbsen
2 l Wasser
Salz, Pfeffer

Zubereitung

- Das Gemüse waschen, schälen und in grobe Stücke schneiden.
- Lorbeer, Nelken und Wacholder in ein Säckchen geben und dieses zubinden.
- Erbsen und Gemüse im kalten Wasser in den Kessel geben und gut 2 Stunden sanft sieden lassen. Nach 1 Stunde das Säckchen dazugeben und mitsieden lassen.
- Darauf achten, dass die Erbsen nicht aufspringen, denn sonst wird die Brühe trüb.
- Erbsen, Säckchen und Gemüse aus der Brühe nehmen und die Brühe mit Salz und Pfeffer nochmals abschmecken.
- Diese Brühe eignet sich für vegetarische Gerichte sehr gut.

Erbsensuppe

Für 4 Personen

Zutaten

Liebstöckel
Majoran
Kerbel
Muskat
Bohnenkraut
Salz, Pfeffer
2 Zwiebeln
40 g Butter
250 g Erbsen
1 l Fleischbrühe
1 Bund Petersilie
30 g Dinkelmehl

Zubereitung

- Zunächst die Kräuter, dann die Gewürze im Mörser fein zerstoßen.
- Die Zwiebeln schälen und in ganz feine Würfel schneiden.
- Butter im Kessel erhitzen und die Zwiebeln darin glasig dünsten.
- Nun die Erbsen dazugeben und mit der Brühe ablöschen. Die Suppe 45 Minuten garen lassen und dann mit den Gewürzen und Kräutern abschmecken.
- Die Petersilie fein hacken.
- Die Suppe in Schüsseln servieren und mit der Petersilie bestreuen.
- Soll es eine gebundene Erbsensuppe sein, die Erbsen mit dem Dinkelmehl bestäuben. Erst dann die Erbsen mit der Brühe ablöschen. Alternativ einen Teil der Erbsen im Mörser zerstoßen, sodass die Suppe etwas dickflüssiger ist.

Sauerkrautsuppe

Für 4 Personen

Zutaten

1 kg Hackfleisch
Schmalz
1 Zwiebel
1 Knoblauchzehe
Salz, Pfeffer
Ysop
Majoran
Korianderkörner
Senfkörner
500 ml Gemüsebrühe
400 ml Sahne
450 g Sauerkraut
1 Eigelb

Zubereitung

- Das Hackfleisch mit dem Schmalz im Kessel scharf anbraten. Die Zwiebel und den Knoblauch schälen, fein hacken und dazugeben. Alles gut miteinander vermengen.
- Zunächst die Gewürze, dann die Kräuter im Mörser fein zerstoßen und daruntermengen. Nun die Brühe, die Hälfte der Sahne und das Sauerkraut in den Kessel geben, umrühren und 45 Minuten köcheln lassen.
- Den Kessel vom Feuer nehmen.
- Das Eigelb mit der restlichen Sahne vermengen und unter die Suppe rühren.
- Den Kessel wieder über das Feuer hängen, aber darauf achten, dass die Suppe nicht mehr kocht.
- 20 Minuten über dem Feuer ziehen lassen. Wenn nötig, nochmals abschmecken und eventuell etwas Brühe nachgießen.
- Die Suppe in einer Schüssel servieren und Brot dazu reichen.

Wildkräutersuppe mit pochiertem Ei

Für 4 Personen

Zutaten

1 l Salzwasser
5 EL Weinessig
4 Eier
1 kleine Zwiebel
2 EL Butter
200 g Wildkräuter (je nach Geschmack Sauerampfer, Brunnenkresse, Löwenzahn, Bärlauch, Ysop, Bohnenkraut, Fenchel, Brennnessel, Liebstöckel, Wildknoblauch usw.)
1 EL Mehl
750 ml Gemüsebrühe
2 Eigelb
250 ml Sahne
Salz, Pfeffer

Zubereitung

- Salzwasser und Weinessig zum Kochen bringen. Die Eier in einer Suppenkelle aufschlagen und vorsichtig in die Brühe (darf nicht mehr kochen) gleiten lassen. Die Eier 4–5 Minuten stocken lassen, herausnehmen und in eine Schüssel geben.
- Die Zwiebel schälen und fein hacken. Die Kräuter waschen und grob hacken.
- Die Butter im Kessel zerlassen. Die Zwiebel mit den gehackten Wildkräutern (bis auf 1 TL) 2 Minuten darin andünsten. Das Mehl dazugeben, alles gut durchrühren und kurz weiter schwitzen. Die Gemüsebrühe dazugeben und aufkochen lassen.
- Die 2 Eigelbe verrühren und vorsichtig unterrühren. Darauf achten, dass die Brühe nicht mehr kocht.
- Die Sahne dazugeben und mit Salz und Pfeffer abschmecken.
- Die Suppe in Schüsseln verteilen und die pochierten Eier daraufsetzen. Das Ganze mit den restlichen Kräutern bestreuen.

Wer die Wildkräuter selbst sammeln möchte, sollte sich gut damit auskennen! Wer sich nicht ganz sicher ist, kauft die Kräuter im Laden.

WIEDER AUFGEWÄRMT

EINTÖPFE

Dinkeleintopf

Für 4 Personen

Zutaten

250 g Dinkelkörner
125 g weiße getrocknete
Bohnen (Saubohnen)
1 Zwiebel
⅓ Sellerieknolle
1 Stange Lauch
1 Kohlrabi
1–2 Karotten
50 g Erbsen
Salz, Pfeffer
Liebstöckel
Petersilie
Schnittlauch
Kerbel
Ysop
Bohnenkraut
150 g geräucherter Speck
etwas Schmalz
1 l Fleischbrühe

Zubereitung

- Den Dinkel und die Saubohnen über Nacht in kaltem Wasser einweichen.
- Die Zwiebel schälen und ganz fein würfeln.
- Das restliche Gemüse putzen, schälen und in mundgerechte Stücke schneiden.
- Zunächst die Gewürze, dann die Kräuter im Mörser fein zerstoßen.
- Den Speck in Würfel schneiden.
- Zwiebel, Sellerie, Lauch und Speck im Schmalz anbraten. Mit der Brühe ablöschen.
- Die Saubohnen, das restliche Gemüse und den Dinkel dazugeben und alles aufkochen lassen. Immer wieder etwas Brühe nachgießen, bis der Dinkel und die Saubohnen genügend Flüssigkeit aufgesaugt haben.
- Am Ende der Garzeit nach Belieben mit Brühe auffüllen und mit den Gewürzen und Kräutern abschmecken.

Dazu passen Dinkelbrötchen.

Eintopf mit Dinkelklösschen

Für 8 Personen

Eintopf

Zutaten

Öl
4–6 Fleischknochen
4–5 Karotten
2 Stangen Lauch
½ Knolle Sellerie
2 Zwiebeln
2 Knoblauchzehen
3–4 Kohlrabi
Petersilie
250 ml Weißwein
1 l Wasser
6 Wacholderbeeren
3 Lorbeerblätter
2–3 Nelken
Pfeffer, Salz
Ysop
etwas Bohnenkraut
Majoran
Koriander

Zubereitung

- Öl im Kessel erhitzen und die Knochen darin anbraten.
- Das Gemüse schälen, waschen, in grobe Stücke schneiden und ebenfalls anbraten. Mit Weißwein und Wasser ablöschen.
- Wacholder, Lorbeer und Nelken in ein Säckchen geben, dieses zubinden und in den Kessel geben. Nun den Eintopf gut 1 ½ Stunden kochen lassen. Immer wieder etwas Wein oder Wasser dazugießen.
- Nach der Kochzeit alle Zutaten aus der Brühe nehmen.
- Das Gemüse klein schneiden und zurück zur Brühe geben.
- Zunächst die Gewürze, dann die Kräuter im Mörser fein zerstoßen und alles damit abschmecken. Nun den Kessel zur Seite stellen.

Klösschen

Zutaten

Schnittlauch
250 ml Milch
50 g Butter
Muskat
Majoran
Salz, Pfeffer
1 kleine Zwiebel
400 g Dinkelschrot
2 Eigelb
1 l Salzwasser

Zubereitung

- Schnittlauch fein schneiden.
- In einem kleinen Kessel die Milch mit der Butter erhitzen.
- Zunächst die Gewürze, dann die Kräuter im Mörser zerstoßen, die Zwiebel klein hacken, mit dem Dinkelschrot dazugeben und alles gründlich miteinander verrühren. Damit nichts anbrennt, immer wieder gut umrühren.
- Sollte die Breimasse zu dick sein, noch etwas Wasser dazugeben.
- Nun den Kessel vom Feuer nehmen und die Masse abkühlen lassen.
- Die Eigelbe unterheben und eventuell mit den Kräutern nochmals abschmecken.
- Das Salzwasser in einem Kessel zum Kochen bringen.
- Aus der Masse Klößchen formen und im Salzwasser 15 Minuten ziehen lassen. Das Salzwasser nicht mehr kochen lassen.
- Die Klößchen herausnehmen, den Gemüseeintopf erhitzen, die Dinkelklößchen dazugeben und alles 10 Minuten quellen lassen.
- Den Eintopf in Schüsseln servieren und mit dem Schnittlauch bestreuen.

Dazu passen Brotfladen, Dinkelbrot oder Stockbrot.

Gemüsetopf mit Gänsefleisch

Für 4 Personen

Zutaten

250 g weiße Bohnen (Saubohnen)
5 Wacholderbeeren
2 Lorbeerblätter
4 Nelken
Salz, Pfeffer
Bohnenkraut
Ysop
Majoran
Rosmarin
Kerbel

500 g Gänsefleisch
2 große Kohlrabis
5 Karotten
⅓ Knolle Sellerie
1 Stange Lauch
1–2 Zwiebeln
Petersilie
Schnittlauch
Schmalz
500 ml Wasser
etwas Weißwein

Zubereitung

- Bohnen über Nacht in Wasser einweichen.
- Wacholder, Lorbeer und Nelken in ein Säckchen geben und dieses zubinden.
- Die Gewürze und Kräuter im Mörser fein zerstoßen.
- Fleisch und Gemüse in mundgerechte Stücke schneiden.
- Bohnen abseihen und im Kessel mit Schmalz leicht anschwitzen. Karotten, Kohlrabi, Zwiebel, Lauch und Sellerie dazugeben und gut umrühren. Mit Wasser und Weißwein ablöschen und alles gut aufkochen lassen. Das Gewürzsäckchen und das Fleisch dazugeben und alles zusammen 1 Stunde garen.
- Nach Ende der Garzeit das Säckchen herausnehmen, die Suppe mit den Gewürzen und Kräutern abschmecken und in einer Schüssel zum Beispiel mit Dinkelbrot servieren.

Gulasch-Sauerkraut-Eintopf

Für 4 Personen

Zutaten

Salz, Pfeffer
Ysop
Kerbel
Senfkörner
Rosmarin
Thymian
Majoran
Kümmel
Petersilie
1–2 Zwiebeln
5 Karotten
etwas Schmalz
1 kg Gulasch (Rind und Schwein)
800 g Sauerkraut
750 ml Gemüsebrühe
150 ml Weißwein

Zubereitung

- Zunächst die Gewürze, dann die Kräuter im Mörser sehr fein zerstoßen.
- Zwiebeln und Karotten schälen und fein würfeln.
- Schmalz im Kessel erhitzen und den Gulasch darin scharf anbraten.
- Die Gewürze, Zwiebeln und Karotten zugeben und ebenfalls anbraten.
- Anschließend Sauerkraut dazugeben und alles gut miteinander mischen. Mit der Gemüsebrühe und dem Weißwein ablöschen und so lange kochen, bis das Fleisch und die Karotten gar sind.
- Den Eintopf 30 Minuten ziehen lassen (nicht mehr kochen), damit er geschmackvoller wird.
- Eventuell nachwürzen, in einer Schüssel servieren und Dinkelbrot dazu reichen.

Hackfleisch-Lauch-Topf

Für 4 Personen

Zutaten

1 große Zwiebel
5 Stangen Lauch
350 g Champignons
Schmalz
500 g Hackfleisch
750 ml Gemüsebrühe
150 g Hartkäse, gerieben
250 ml Sahne
Ysop
Majoran
Petersilie
Schnittlauch
Rosmarin
Kerbel
Senfkörner
Pfeffer, Salz

Zubereitung

- Die Zwiebel schälen und fein würfeln. Den Lauch waschen und in feine halbe Ringe schneiden. Champignons putzen und in halbe Scheiben schneiden.
- Schmalz im Kessel erhitzen und das Hackfleisch darin scharf anbraten.
- Zwiebel, Lauch und Champignons dazugeben und kurz mit anbraten.
- Mit der Brühe aufgießen und alles aufkochen lassen.
- Käse und Sahne dazugeben und dabei darauf achten, dass das Ganze nicht mehr kocht. Wenn der Käse zergangen ist, zunächst die Kräuter und dann die Gewürze im Mörser zerstoßen und den Eintopf damit abschmecken.
- Das Ganze noch 15 Minuten ziehen lassen.
- Den Eintopf in Schüsseln geben und servieren.

Variante: Karotten im Eintopf mitgaren.

Hühnereintopf

Zu diesem Rezept gibt es keine Portionsangaben, es ist aber sicher für mehr als 4 Personen

Zubereitung

- Zwiebeln und Knoblauch schälen. Lauch und Sellerie waschen, schälen und in sehr feine Würfel schneiden.
- Schmalz in einem Kessel erhitzen und das Gemüse darin anschwitzen.
- Hühnchen waschen, trocken tupfen und in den Kessel geben.
- Alles umrühren und mit Wasser, etwas säuerlichem Obstsaft und Weißwein ablöschen.
- Das restliche Gemüse ebenfalls waschen, schälen, in größere Würfel schneiden und in den Kessel geben.
- Lorbeer, Nelken und Wacholder in ein Säckchen geben, dieses zubinden und zu dem Eintopf geben.
- Die Kräuter und Gewürze im Mörser sehr fein zerstoßen und einen Teil ebenfalls in den Eintopf geben.
- Nun alles 1 ½ Stunden kochen lassen. Wenn nötig, immer wieder etwas Wasser oder Weißwein dazugießen.
- Wenn die Hühner und das Gemüse gar sind, alles aus der Brühe nehmen und abkühlen lassen.
- Das Hühnchenfleisch von den Knochen lösen und wieder in die Brühe zurückgeben. Das Gemüse in mundgerechte Stücke schneiden und ebenfalls zur Brühe geben.
- Alles nochmals gut erwärmen und abschmecken.
- Sollte der Eintopf zu dünn sein, können über Nacht eingeweichte Dinkelkörner dazugegeben werden.
- Den Eintopf in Schüsseln servieren.
- Wer möchte, kann Dinkelbrot dazu reichen.

Variante: Einfach mit den Zutaten experimentieren – anderes Gemüse, anderes Fleisch und andere Kräuter ausprobieren.

Zutaten

- Zwiebeln
- Knoblauch
- Lauch
- Sellerie
- Schmalz
- 2–3 Hühner
- Wasser
- etwas säuerlicher Apfelsaft
- Weißwein
- Karotten
- Kohlrabi
- Pastinaken
- Lorbeerblätter
- Nelken
- Wacholderbeeren
- Majoran
- Kerbel
- Ysop
- Rosmarin
- Bohnenkraut
- Estragon
- Koriander
- Schnittlauch
- Senfkörner
- Petersilie
- etwas Kümmel
- Salz, Pfeffer
- eingeweichte Dinkelkörner bereithalten

Kohlrabi-Eintopf

Für 10 Personen

Brühe

Zutaten

3 Karotten
1 große Zwiebel
1 Knoblauchzehe
½ Knolle Sellerie
2 Stangen Lauch
1 Auerhahn (alternativ 1 Suppenhuhn)
500 ml Wasser
500 ml Weißwein
Petersilie
Wacholderbeeren
Nelken
Lorbeerblätter

Zubereitung

- Das Gemüse und die Petersilie putzen, waschen und grob zerkleinern.
- Den Auerhahn mit dem Gemüse und der Petersilie, dem Wasser, dem Weißwein und den Gewürzen 1 ½ Stunden im Kessel kochen lassen.
- Alles abseihen und Gemüse, Brühe und Auerhahn in getrennten Schüsseln aufbewahren.
- Wenn der Auerhahn kalt ist, Fleisch von den Knochen lösen und in mundgerechte Stücke schneiden.

Eintopf

Zutaten

6 Kohlrabis
2 Karotten
1 Stange Lauch
3 Scheiben Kassler
Ysop
Schnittlauch
Koriander
Kerbel
Senfkörner
Majoran
Rosmarin
Thymian
Salz
Pfeffer
Petersilie (optional)

Zubereitung

- Nun die Brühe in den Kessel zurückgießen und aufkochen lassen.
- Das Gemüse putzen, waschen und klein schneiden.
- Gemüse in die Brühe geben und gar kochen. Das Kassler klein schneiden und in den Kessel geben. Die Auerhahnstücke am Schluss dazugeben. Die Kräuter im Mörser fein zerstoßen und damit den Eintopf abschmecken.
- In Schüsseln servieren. Wer möchte, kann noch klein gehackte Petersilie darüberstreuen.

Krauttopf

Für 8 Personen

Brühe

Zutaten

2 Lorbeerblätter
5 Wacholderbeeren
4 Nelken
500 ml Wasser
500 ml Weißwein
Salz, Pfeffer
2 Hühner
Petersilie
2 Stangen Lauch
1 Stück Sellerie

Zubereitung

- Lorbeer, Wacholder und Nelken in ein Säckchen geben und dieses zubinden.
- Wasser und Weißwein mit dem Säckchen im Kessel zum Kochen bringen, die Hühner hineingeben und kochen lassen.
- Die Petersilie und das Gemüse waschen, gegebenenfalls schälen, grob zerkleinern und ebenfalls in den Kessel geben.
- Gemüse und Hühner gar kochen, dann jeweils aus der Brühe nehmen und erkalten lassen. Dabei bedenken, dass das Gemüse schneller gar ist und daher früher herausgenommen werden muss.
- Das Hühnerfleisch vom Knochen lösen und mit dem Gemüse in mundgerechte Stücke schneiden.

KRAUTTOPF

Zutaten

Petersilie
Liebstöckel
Bohnenkraut
Majoran
Ysop
3 Zwiebeln
Schmalz
6 Karotten
200 g Dinkelkörner
1 Kopf rohes Weißkraut
Salz, Pfeffer

Zubereitung

- Die Kräuter im Mörser fein zerstoßen.
- Zwiebel schälen, fein hacken und in Schmalz andünsten. Die Karotten schälen, in Würfel schneiden und mitdünsten. Nun mit der nebenstehenden Brühe ablöschen.
- Die Dinkelkörner dazugeben und alles quellen lassen. Das Weißkraut in feine Streifen schneiden, zugeben und alles 30–40 Minuten köcheln lassen.
- Wenn alles gar ist, das Fleisch und das Gemüse von der Brühe nochmals kurz miterwärmen und mit den Gewürzen abschmecken.

Lammtopf

Für 8 Personen

Zutaten

1,5 kg Lammkeule ohne Knochen
1 kg Zwiebeln
1–2 Knoblauchzehen
10 g Ingwer
25 g Pastinake
Pfeffer
Salz
Rosmarin
Thymian
Liebstöckel
Bohnenkraut
Kümmel
Estragon
Schmalz zum Anbraten
300 g Honig
Semmelbrösel nach Wunsch
2 l Weißwein oder Gemüsebrühe

Zubereitung

- Fleisch waschen und trocken tupfen.
- Die Zwiebeln schälen und in halbe Ringe schneiden.
- Knoblauchzehen, Ingwer und Pastinake schälen und mit den anderen Gewürzen und Kräutern im Mörser fein zerstoßen.
- Das Schmalz und die Hälfte der Zwiebelringe in den Tontopf geben. Etwas Honig, Semmelbrösel und Kräutermischung darübergeben. Darauf die Lammkeule legen, mit Honig beträufeln und mit den restlichen Zwiebelringen abdecken. Nun wieder mit Honig beträufeln, die restlichen Kräuter und Semmelbrösel darüberstreuen und mit dem Weißwein oder der Brühe aufgießen, sodass alles bedeckt ist.
- Den Tondeckel daraufsetzen und alles 2 Stunden garen lassen.

Dieses Gericht wird in einem Tontopf gekocht.
1. Möglichkeit: Den Tontopf mit geschlossenem Deckel neben das Feuer stellen und immer wieder den Topf drehen.
2. Möglichkeit: Über das Feuer einen Rost hängen und darauf den Tontopf stellen. Dabei kann es aber sein, dass das Gericht länger zum Garen braucht.
3. Möglichkeit: Den Tontopf in einen Tonofen stellen. Immer wieder drehen.

Wursttopf mit Sauerkraut

Für 4 Personen

Zutaten

4 geräucherte Bratwürste oder andere Wurstsorte
1–2 Zwiebeln
1 Stange Lauch
3 Äpfel
Wacholderbeeren
Nelken
Kümmel
Thymian
Kerbel
Ysop
Schmalz
300 g Sauerkraut, roh
125 ml Weißwein
125 ml Wasser
Salz, Pfeffer
Fleisch- oder Gemüsebrühe nach Bedarf

Zubereitung

- Die Bratwürste in Würfel schneiden.
- Die Zwiebeln und den Lauch putzen und in sehr kleine Würfel schneiden.
- Die Äpfel schälen, entkernen und in Scheiben schneiden.
- Wacholder, Nelken und Kümmel in ein Säckchen geben und dieses zubinden.
- Die Kräuter im Mörser zerstoßen.
- Die Bratwurst, die Zwiebeln, die Apfelscheiben und den Lauch im Schmalz etwas andünsten. Nun das Sauerkraut hinzugeben und mit Weißwein und Wasser ablöschen.
- Das Kräutersäckchen ebenfalls hineingeben und weiter köcheln lassen. Wenn das Sauerkraut (nach etwa 2 Stunden) gar ist, das Säckchen herausnehmen und mit den Kräutern und Gewürzen abschmecken.
- Eventuell noch mit etwas Brühe ablöschen beziehungsweise abschmecken.

Varianten: Statt Sauerkraut rohes Weißkraut nehmen, Rauchfleisch verwenden oder andere Gemüsesorten ausprobieren.

ZUM TAFELN

HAUPTGERICHTE

Dinkelbratlinge

Für 6–8 Bratlinge

Zutaten

500 ml Gemüsebrühe
200 g Dinkelschrot
1 Zwiebel
2 Karotten
½ Stange Lauch
Pfeffer, Salz
Petersilie
Schnittlauch
Liebstöckel
Majoran
Senfkörner
1 Ei
Dinkelflocken
Schmalz

Zubereitung

- Die Gemüsebrühe zum Kochen bringen und den Dinkelschrot darin 30 Minuten quellen lassen. Nicht mehr kochen lassen.
- Immer wieder umrühren und dann die Masse erkalten lassen.
- Das Gemüse schälen und sehr fein schneiden.
- Zunächst die Gewürze, dann die Kräuter im Mörser sehr fein zerstoßen.
- Das Ganze mit dem Ei zu einer Masse zusammenkneten. Sollte die Masse noch etwas zu flüssig sein, ein wenig Dinkelflocken oder Dinkelschrot dazugeben und abschmecken.
- Aus der Masse Bratlinge formen und in der Pfanne mit Schmalz von beiden Seiten braten.
- Die Bratlinge auf einem Teller servieren.

Dazu passen Lauch- oder Kohlrabigemüse.

Varianten: Spinat zum Dinkelschrot geben. Dinkelschrot und Hirse mischen. Andere Getreidesorten verwenden. Andere Gemüsesorten zu den Bratlingen reichen.

Eierklösschen

Für 6 Personen

Zutaten

12 hart gekochte Eier
20 g Rosinen
2 rohe Eier
15 g Honig
Brot- oder Semmelbrösel zum Binden
Salz, Pfeffer
Kerbel
Muskat
Schnittlauch
Öl oder Schmalz zum Ausbacken

Zubereitung

- Hart gekochte Eier schälen und fein würfeln.
- Rosinen ebenfalls fein würfeln.
- Rohe Eier in eine Schüssel geben und die hart gekochten Eier, Rosinen, Honig und Brösel zum Binden dazugeben und gut miteinander vermengen.
- Zunächst die Gewürze, dann die Kräuter im Mörser fein zerstoßen und die Masse damit abschmecken.
- Das Fett im Kessel erhitzen.
- Aus der Masse kleine Knödel formen und in dem heißen Fett vorsichtig von allen Seiten ausbacken.

Dazu passen Dinkelbrot, Bauernbrot und Pfeffersauce.

Eintopf mit Trockenfleisch

Für 4 Personen

Zutaten

500 g Trockenfleisch
3 Kohlrabis
3 Karotten
2 Lauchstangen
1 Zwiebel
1 Knoblauchzehe
etwas Öl
1 l Fleisch- oder Gemüsebrühe
1–2 Lorbeerblätter
2 Wacholderbeeren
3 Nelken
Petersilie
Kümmel oder ersatzweise Ysop
Muskat
Oregano
Rosmarin
Majoran
Salz, Pfeffer

Zubereitung

- Trockenfleisch gut beziehungsweise mehrmals wässern, abschöpfen, ganz klein schneiden und zur Seite legen.
- Das Gemüse schälen und in kleine Würfel schneiden. Zwiebel und Knoblauchzehe schälen und fein hacken.
- Das Öl im Kessel erhitzen. Gemüse darin kurz anbraten und mit der Brühe ablöschen. Das Trockenfleisch dazugeben. Lorbeerblätter, Wacholderbeeren und Nelken in einem Säckchen hinzugeben.
- Nun alles köcheln lassen, bis das Gemüse weich ist.
- Die Gewürze und Kräuter im Mörser fein zerstoßen und den Eintopf damit würzen.

Dazu passt Fladenbrot oder Dinkelbrot.

Varianten: Andere Gemüsesorten verwenden. Eingeweichte Dinkelkörner dazugeben.

Fleischragout

Für 4 Personen

Zutaten

750 g Schweinebraten
2 Zwiebeln
Pfefferkörner
Lorbeerblätter
Nelken
Wacholderbeeren
1 l Rotwein zum Kochen
300 g gepökeltes Schweinefleisch (oder Kassler)
3 Scheiben Brot
2 Äpfel
Salz
Rosmarin
Thymian
Zimt, gemahlen
Mandelsplitter und Rosinen zum Bestreuen

Zubereitung

- ♦ Den Schweinebraten am Stück mit einer Zwiebel, den Pfefferkörnern, Lorbeerblättern, Nelken und Wacholderbeeren in dem Rotwein 1 ½ Stunden weich kochen. Das Kassler klein schneiden und zum Schluss kurz dazugeben. Den Schweinebraten herausnehmen und in kleine Stücke schneiden. Die Kasslerstücke ebenfalls herausnehmen. Kochbrühe durchsieben.
- ♦ Eine Zwiebel schälen und klein würfeln. Das Brot und die Äpfel in kleine Würfel schneiden. Alles in der Kochbrühe weich kochen. Danach zerstampfen, die Gewürze und Kräuter im Mörser zerstoßen und damit abschmecken. Beide Fleischsorten hinzugeben und alles erhitzen.
- ♦ Wenn nötig mit den Gewürzen und Kräutern nochmals abschmecken.
- ♦ Zum Servieren eine Schale mit Mandelsplittern und Rosinen dazustellen. So kann jeder, wenn er möchte, dies noch auf sein Fleischragout streuen.

Dazu passen Bohnenmus und Zwiebelmus.

Grüne Eier

Für 4 Personen

Zutaten

1 Bund Petersilie
1 EL Weißwein
Pfeffer, Salz
Ingwer
Senfkörner
Kerbel
2 TL Honig
4 hart gekochte Eier
1 TL Butter

Zubereitung

- Die Petersilie fein hacken und in eine Schüssel geben. Mit Weißwein übergießen und gut mischen. Nun alles gut 1 Stunde stehen lassen Das Gemisch durch ein feines Sieb (oder ein Tuch) schlagen und die Flüssigkeit auffangen. Diesen Prozess 2- bis 3-mal wiederholen, bis die Flüssigkeit grün ist, immer wieder zwischendurch ½ bis 1 Stunde stehen lassen.
- Zunächst die Gewürze, dann die Kräuter im Mörser zerstoßen und die Flüssigkeit damit abschmecken. Den Honig unterrühren.
- Die hart gekochten Eier schälen.
- Die Butter in einer Pfanne erhitzen, die Eier darin schwenken. Anschließend in die grüne Flüssigkeit tauchen und darin wenden, bis sie die Farbe angenommen haben.
- Die Eier mit Brot servieren.

Dazu passen Blattspinat und Mangoldgemüse.

Grünkern-Schrotküchle

Für 4 Personen

Zutaten

1 Zwiebel
1 Knoblauchzehe
1–2 Karotten
½ Kohlrabi
etwas Sellerie
½ Stange Lauch
Petersilie
Majoran
Koriander
Senfkörner
Ysop
Salz, Pfeffer
Bohnenkraut
500 ml Gemüsebrühe
200 g Grünkernschrot
2 Eier
20 g Dinkelmehl
Schmalz zum Ausbacken

Zubereitung

- Das Gemüse waschen, schälen und ganz fein würfeln.
- Die Petersilie fein hacken. Die restlichen Kräuter und Gewürze im Mörser sehr fein zerstoßen.
- Die Gemüsebrühe in einem Kessel zum Kochen bringen, den Grünkernschrot dazugeben und 30 Minuten ziehen lassen. Achtung: Wenn der Grünkernschrot in der Brühe ist, nicht mehr kochen, sondern das Ganze nur ziehen lassen. Häufig umrühren, damit nichts anbrennt. Danach die Masse erkalten lassen.
- Nun die restlichen Zutaten außer dem Schmalz in die Masse geben und gut vermengen.
- Kurz mit den Kräutern und Gewürzen abschmecken. Sollte die Masse doch noch zu flüssig sein, einfach Mehl dazugeben und gut miteinander verrühren. Gegebenenfalls nochmals etwas nachwürzen.
- Aus der Masse Küchle formen und diese in der Pfanne in heißem Schmalz ausbacken.

Dazu passen Gemüse aller Art (roh oder gekocht), Dinkelbrot, Brotfladen Fleischgerichte und Fischgerichte.

Gulasch mit Pilzen

Für 4 Personen

Zutaten

750 g Schweinefleisch
1–2 Zwiebeln
1 Knoblauchzehe
3 Karotten
600 g Champignons
Petersilie
Schnittlauch
Liebstöckel
Ysop
Koriander
Rosmarin
Kerbel
Senfkörner
Salz, Pfeffer
Schmalz
500 ml Brühe

Zubereitung

- Schweinefleisch in mundgerechte Stücke schneiden.
- Zwiebeln und Knoblauch schälen und ganz fein würfeln.
- Karotten schälen und in halbe feine Scheiben schneiden.
- Champignons abbürsten und in halbe Ringe schneiden.
- Zunächst die Kräuter, dann die Gewürze in einem Mörser fein zerstoßen.
- Schmalz im Kessel erhitzen und das Fleisch darin scharf anbraten.
- Die Zwiebeln und den Knoblauch dazugeben und kurz mitbraten.
- Die Karotten und Champignons zugeben und mit Brühe ablöschen. Während der Garzeit bei Bedarf etwas Brühe zugießen.
- Zum Schluss mit den Kräutern und Gewürzen abschmecken.

Dazu passen Nudelflecken, Semmelknödel und Dinkelbrot.

Hähnchen oder Gans am Strick

Für 4 Personen

Zutaten

4–5 Zwiebeln
3 Knoblauchzehen
4 Karotten
½ Knolle Sellerie
2–3 Stangen Lauch
Salbeiblätter
Petersilie
Thymian
Liebstöckel
Schnittlauch
Ysop
Kerbel
Nelken
Wacholderbeeren
Salz, Pfeffer
etwas Öl
etwas Zitronensaft
4 Hähnchen oder 1 Gans
Wasser
Garn zum Nähen
dickes Garn zum Aufhängen des Hähnchens

Wasser bereitstellen, um das Garn während der Garzeit immer wieder damit benetzen zu können. So kann das Garn nicht anbrennen.

Zubereitung

- Ein Erdloch herstellen, in dem nur Glut vorhanden ist, damit das Gargut nicht verbrennt.
- Zwiebeln, Knoblauch, Karotten, Sellerie und Lauch schälen, waschen und in kleine Würfel schneiden.
- Die Kräuter und Gewürze im Mörser fein zerstoßen und mit dem Öl und ein paar Tropfen Zitronensaft eine Paste herstellen.
- Das Hähnchen innen mit etwas Paste einreiben und mit dem Gemüse füllen. Mit dem Garn zunähen.
- Das Geflügel außen ebenfalls mit der Paste gut einreiben.
- Das dickere Garn an den Flügeln an das Hähnchen binden und dann an der Querstange über dem Feuer befestigen.
- Beim Garen das dickere Garn immer wieder mit Wasser befeuchten.
- Das Hähnchen immer wieder mit der Gewürzpaste bestreichen. Dies geht gut mit einem Tannennadelzweig oder einem Hühnerfederpinsel.

Hähnchen oder Gans im Tonmantel

Für 4 Personen 1 Hähnchen, für 7 Personen 1 Gans

Zutaten*

1 Karotte
1 Stange Lauch
1 Zwiebel
1 Knoblauchzehe
Salz, Pfeffer
Senfkörner
Majoran
Rosmarin
Kerbel
Petersilie
Bohnenkraut
etwas Öl
1 Hähnchen oder 1 Gans
genug Lehm oder Tonerde für den Mantel

** Zutatenmenge für die Variante mit der Gans verdoppeln*

Zubereitung

- Das Gemüse schälen und klein schneiden.
- Die Gewürze und Kräuter gemeinsam im Mörser fein zerstoßen und mit etwas Öl eine Paste herstellen.
- Hähnchen oder Gans waschen, trocken tupfen und mit der Gewürzpaste außen und innen gut einreiben.
- Das klein geschnittene Gemüse in das Hähnchen oder die Gans stopfen, das Geflügel zunähen. Mit dem Ton das Hähnchen oder die Gans dick ummanteln (3–4 cm).
- Die Feuerstelle vorbereiten, sodass ein Glutnest entsteht, darin ein paar Steine schichten und darauf das Tonhähnchen/die Tongans legen. Darauf achten, dass der Tonmantel nicht zerbricht (auch während des Garprozesses).
- Das Hähnchen oder die Gans immer wieder drehen und nach rund 1 ½ Stunden von der Kochstelle nehmen und vom Tonmantel befreien.

Variante: Das Ganze in der Glut einer Feuergrube ohne Drehen garen.

Hase am Spiess

Hier gibt es keine Portionsangaben – einfach ausprobieren

Zutaten

1 Hase

Gewürzmischung

- 2 TL Pfeffer
- 2 TL Salz
- 1 TL Majoran
- ½ TL Rosmarin
- ½ TL Ysop
- 5 Korianderkörner
- ½ TL Bohnenkraut
- 2 TL Petersilie
- 3 Wacholderbeeren
- Öl nach Bedarf
- 8 Senfkörner
- ½ TL Thymian
- 1 TL Kerbel
- 1 TL Liebstöckel
- 1 TL Estragon
- 1 Prise Muskat
- 2 Nelken
- 1–2 Knoblauchzehen

Füllung

- Zwiebeln, geschält und grob zerkleinert
- Karotten, geschält und in grobe Stücke geschnitten
- Sellerie, geschält und in grobe Stücke geschnitten
- Lauch, geputzt und in grobe Stücke geschnitten
- Knoblauch, geschält und klein gehackt
- Petersilie
- Schnittlauch
- Lorbeerblätter
- Nelken
- Wacholderbeeren
- Garn zum Zunähen des Hasen

Zubereitung

- Ein Erdloch herstellen, in dem nur Glut vorhanden ist, damit das Gargut nicht verbrennt.
- Die Innereien des Hasen entfernen, den Hasen waschen und gut trocken tupfen. Wer möchte, kann die Innereien anbraten und genießen.
- Alle Kräuter im Mörser sehr fein zerstoßen und mit etwas Öl zu einer Paste verarbeiten.
- Den Hasen mit der Paste innen bestreichen, das Gemüse und die Kräuter hineingeben und mit dem Garn den Hasen zunähen.
- Anschließend mit der Paste außen gut einreiben und auf den Spieß stecken.
- Den Spieß über das Erdloch hängen und darauf achten, dass immer genügend Glut vorhanden ist, damit der Hase auf allen Seiten gut braten kann. Dabei immer wieder den Spieß drehen. Der Hase braucht mindestens 2–3 Stunden, bis er gar ist.

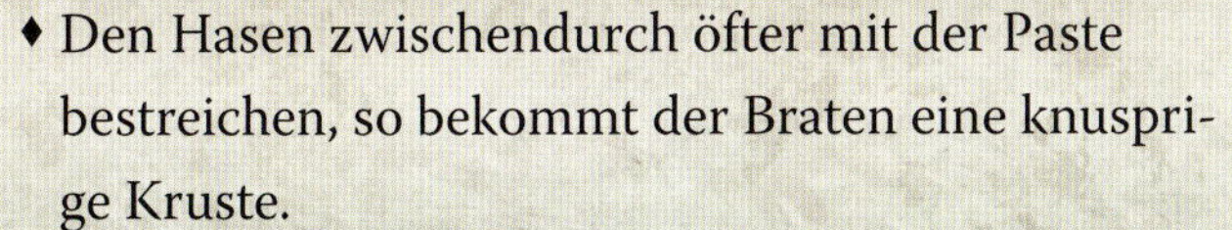

- Den Hasen zwischendurch öfter mit der Paste bestreichen, so bekommt der Braten eine knusprige Kruste.
- Den fertigen Hasen vom Spieß nehmen und zerteilen. Das Gemüse aus dem Inneren als Beilage verwenden.

Kesselfleisch

Für 8 Personen

Zutaten

3 Zwiebeln
2 Knoblauchzehen
8–9 Karotten
1 Knolle Sellerie
1 Pastinake
4 Stangen Lauch
4 Kohlrabis
6 Nelken
3 Lorbeerblätter
8 Pfefferkörner
6 Wacholderbeeren
etwas Schmalz
2 kg Rindfleisch (durchwachsen)
4–5 Rinderknochen
1 l Weißwein
mind. 1 l Wasser
1 Stück frischer Meerrettich
Sahne
Salz, Pfeffer

Zubereitung

- Die Zwiebeln und den Knoblauch schälen und fein würfeln.
- Das Gemüse waschen, schälen und in größere Würfel schneiden.
- Nelken, Lorbeer, Pfeffer und Wacholder in ein Säckchen geben und dieses zubinden.
- Schmalz im Kessel erhitzen, das Fleisch und die Knochen darin scharf anbraten und alles aus dem Kessel nehmen.
- Die Zwiebeln und den Knoblauch im Kessel kurz andünsten, mit Weißwein und Wasser ablöschen und zum Kochen bringen, das Säckchen, Fleisch und Knochen dazugeben und 1 ½ Stunden köcheln lassen. Nun das Gemüse hineingeben und nochmals 30 Minuten köcheln lassen, bis es gar ist.
- Jetzt alles aus der Brühe nehmen.
- Fleisch, Gemüse und Brühe in je einer Schüssel servieren.
- Den Meerrettich reiben, mit Sahne, Salz und Pfeffer abschmecken und ebenfalls in einer Schüssel servieren.
- Nun kann jeder die Zutaten zu einem Gericht seiner Wahl zusammenstellen.

Krustenbraten

Für 8 Personen

Zutaten

2 kg Schweinehüfte mit Schwarte
Pfefferkörner
Senfkörner
Majoran
Salz
Petersilie
Bohnenkraut
Ysop
Öl
3 Karotten
4 Zwiebeln
1 Lauchstange
4 Knoblauchzehen
1 l Fleischbrühe
1 Bier oder Met

Zubereitung

- Die Schwarte der Schweinehüfte einschneiden (Schachbrettmuster).
- Die Pfefferkörner und Kräuter im Mörser zerstoßen und mit Öl zu einer Paste verrühren.
- Nun den Braten von allen Seiten mit der Paste einreiben.
- Gemüse klein schneiden.
- Öl in einen Topf geben und den Braten zuerst auf der Schwarte scharf anbraten. Danach rundherum scharf anbraten. Den Braten herausnehmen.
- Darin das Gemüse kurz anschwitzen, mit Fleischbrühe aufgießen, den Braten mit der Schwarte nach oben hinzugeben und 3 Stunden köcheln lassen. Dabei immer wieder mit Bier oder Met ablöschen.
- Nach dem Köcheln den Braten herausnehmen und mit der Schwarte auf einen Rost legen. Den Rost mit dem Braten über das Feuer hängen und nur kurz anbraten, da die Schwarte sonst schwarz wird.
- Nun das Fleisch mit dem Gemüsefond aus dem Topf anrichten.

Dazu passen Nudelflecken, Semmelknödel und Brot.

Lauchgemüse mit Dinkelbrei

Für 4 Personen

Dinkelbrei

Zutaten

500 g Dinkel
1 Zwiebel
Öl
500 ml Gemüsebrühe
250 ml Milch
Bohnenkraut
Salz, Pfeffer

Zubereitung

- Dinkel über Nacht in Wasser einweichen.
- Die Zwiebel schälen, fein würfeln und in etwas Öl andünsten. Den Dinkel abseihen, dazugeben und gut umrühren. Mit der Brühe das Ganze ablöschen.
- Der Dinkel saugt viel Flüssigkeit auf. Also immer gut umrühren und wenn nötig, einfach etwas Brühe dazugießen. Nicht zu viel, da es sonst keinen Brei ergibt.
- Die Milch dazugeben und mit den Kräutern und Gewürzen abschmecken.

Dinkelbrei und Lauchgemüse auf einem Teller anrichten. Mit den geschälten und halbierten Eiern dekorieren und servieren.

LAUCHGEMÜSE

Zutaten

1 Zwiebel
2 Karotten
Öl
4–5 Stangen Lauch
Gemüsebrühe
Pfeffer, Salz
Muskat
Kerbel
Ysop
etwas Sahne

Zubereitung

- Die Zwiebel und die Karotten schälen und fein würfeln.
- Diese nun in Öl andünsten und danach den geputzten und in halbe Ringe geschnittenen Lauch dazugeben und 30 Minuten köcheln, dabei immer wieder umrühren.
- Mit Gemüsebrühe ablöschen und mit den fein zerstoßenen Gewürzen und Kräutern abschmecken. Wer möchte, kann noch etwas Sahne dazugießen.

Linsentopf mit Kassler

Für 4 Personen

Zutaten

1 Lorbeerblatt
2 Wacholderbeeren
1 Nelke
250 g Gemüsebrühe
etwas Essig
150 ml Rotwein
250 g Linsen
etwas Wasser
250 g Karotten
1 Zwiebel
1 Knoblauchzehe
1 Stange Lauch
30 g Schmalz
Petersilie
Dill
Estragon
Schnittlauch
Majoran
Ysop
Salz, Pfeffer
400 g Kassler

Zubereitung

- Lorbeerblatt, Wacholderbeeren und Nelke in einen kleinen Stoffbeutel geben und diesen zubinden.
- Brühe, Essig und Rotwein zusammen mit dem Gewürzbeutel aufkochen und die Linsen darin garen. Nach Bedarf noch etwas Wasser zugeben.
- Karotten, Zwiebel, Knoblauch und Lauch schälen und in feine Würfel schneiden. Im Kessel mit Schmalz andünsten. Linsen mit der Restbrühe (ohne den Stoffbeutel) dazugeben, 30 Minuten köcheln und gut durchrühren. Wenn es zu dick sein sollte, noch etwas Brühe nachgießen.
- Die Kräuter im Mörser sehr fein zerstoßen und den Linsentopf damit abschmecken.
- Das Kasslerfleisch in mundgerechte Stücke schneiden, zu dem Eintopf geben und alles nochmals erwärmen.
- In einer Schüssel anrichten und Dinkelbrot dazu reichen.

Panierte Champignons

Für 2 Personen

Zutaten

3–4 Eier
Salz, Pfeffer
Petersilie, klein gehackt
Brösel aus altem Brot
500–600 g größere Champignons
1 l Öl oder Schmalz

Zubereitung

- Eier, Salz, Pfeffer und Petersilie in einer Schüssel gut miteinander verrühren.
- Die Semmelbrösel ebenfalls in eine Schüssel geben.
- Die Champignons gut abbürsten, in der Eiermischung wälzen, in den Bröseln wenden und diese gut andrücken.
- Im Kessel das Fett erhitzen und die Champignons goldbraun ausbacken.
- Anschließend warm servieren.

Dazu passen Gemüsepfanne mit Sahnesauce, Remoulade, Gemüseplatte, Mayonnaise.

Pilzgulasch

Für 4 Personen

Zutaten

500 g verschiedene Pilze
(Champignons, Pfifferlinge usw.)
2 Zwiebeln
6 Karotten
Öl
500 ml Gemüsebrühe
Kerbel
Ysop
Majoran
Thymian
Rosmarin

Zubereitung

- Pilze putzen. Zwiebeln und Karotten schälen und in kleine Würfel schneiden. Pilze in mundgerechte Stücke schneiden.
- Öl im Kessel erhitzen und die Zwiebeln und Karotten darin andünsten. Die Pilze dazugeben und alles gut umrühren.
- Mit der Gemüsebrühe ablöschen und kurz aufkochen lassen.
- Nun das Ganze nur noch warm halten.
- Die Kräuter im Mörser fein zerstoßen und damit das Gericht abschmecken.

Dazu passen Nudelflecken, Semmelknödel und Dinkelbrot.

Varianten: Lauch oder Sellerie dazugeben, mit etwas Sahne verfeinern.

Weisskraut mit Speckwürfeln

Für 8 Personen

Zutaten

Ysop

Thymian

Rosmarin

Kerbel

1 Kopf Weißkraut

2 Zwiebeln

500 g gerauchter Speck

Öl

400 ml Fleischbrühe

etwas Essig

Zubereitung

- Die Kräuter im Mörser fein zerstoßen.
- Weißkraut in feine Streifen schneiden.
- Zwiebeln schälen und in feine Würfel schneiden.
- Den Speck in kleine Würfel schneiden.
- Öl im Kessel erhitzen und die Zwiebeln darin andünsten.
- Die Speckwürfel dazugeben und ebenfalls andünsten.
- Die Weißkohlstreifen gut unterrühren.
- Mit der Brühe ablöschen und so lange kochen lassen, bis der Weißkohl gar ist (etwa 30 Minuten).
- Nun das Ganze mit Kräutern und etwas Essig abschmecken.

Varianten: Mehr Brühe zugeben und gerauchte Würste mit hineinschneiden, Kassler würfeln und zum Kraut geben.

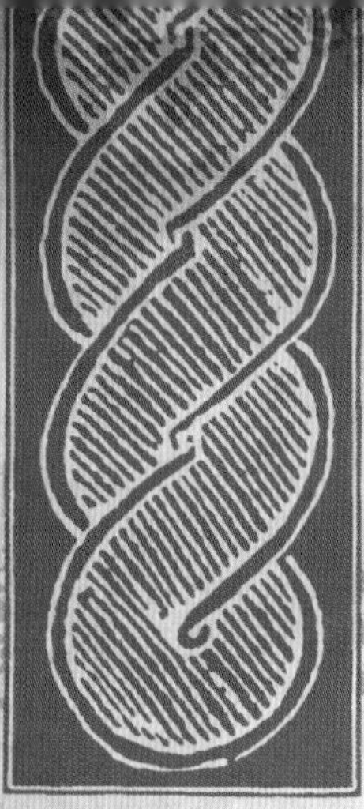

Schinken mit Äpfeln und Zwiebeln

Für 4–6 Personen

Zutaten

1 kg Äpfel
1 kg Zwiebeln
1 kg roher Schinken
500 ml Apfelsaft
zerstoßener Pfeffer

Zubereitung

- Äpfel und Zwiebeln grob würfeln. Zusammen mit dem Schinken und dem Apfelsaft in einen Kessel geben und 2 Stunden kräftig schmoren lassen. Bei Bedarf Flüssigkeit nachgießen (Apfelsaft oder Wasser).
- Mit dem Pfeffer abschmecken.
- Den Schinken herausnehmen und in mundgerechte Portionen schneiden.
- Die Apfel-Zwiebel-Mischung dazu reichen.

Dazu passt kräftiges Schwarzbrot.

Schmorbraten

Für 4 Personen

Zutaten

Salz, Pfeffer
Oregano
Estragon
Thymian
Senfkörner
Bohnenkraut
Ysop
Öl
1 kg Schweinehals
3 Kohlrabis
1 Pastinake
2 Knoblauchzehen
3 Zwiebeln
2 Karotten
2 Stangen Lauch
⅓ Sellerie
500 ml Wasser
300 ml Weißwein oder Rotwein

Zubereitung

- Die Gewürze im Mörser fein zerstoßen und mit etwas Öl eine Paste anrühren. Das Fleisch mit der Kräuterpaste gut einreiben.
- Das Gemüse schälen und grob zerkleinern.
- Das Öl im Kessel erhitzen und das Fleisch von allen Seiten scharf anbraten (darauf achten, dass gute Hitze da ist).
- Nun das Fleisch aus dem Kessel nehmen. Die Hitze etwas drosseln und das Gemüse im Kessel anbraten. Mit Wasser und Wein ablöschen.
- Das Fleisch auf das Gemüse setzen und 3–4 Stunden leicht köcheln lassen. Dabei das Fleisch immer wieder drehen und regelmäßig Flüssigkeit nachgießen.
- Abschließend mit den Gewürzen abschmecken.

Dazu passen Nudelflecken, Semmelknödel, Fladenbrot.

FRISCHE FISCHE AUF DEN TISCH

FISCHGERICHTE

Fischaufstrich

Für 4 Personen

Zutaten

2–3 Lorbeerblätter
2 Nelken
3 Wacholderbeeren
1 Zwiebel
1 Knoblauchzehe
1 Karotte
1 Lauchstange
500 ml Wasser
150 ml Weißwein
500 g Lachs
etwas Sahne
Salz, Pfeffer
Estragon
Dill
Petersilie
Muskat
etwas Zitronenmelisse

Zubereitung

- Lorbeerblätter, Nelken und Wacholderbeeren in ein Säckchen füllen.
- Zwiebel und Knoblauchzehe schälen und vierteln. Karotte und Lauchstange schälen und grob zerkleinern.
- Wasser, Weißwein und Gemüse im Kessel erhitzen und das Säckchen hineingeben. Mit dem Lachs 45 Minuten sieden lassen.
- Lachs herausnehmen und abkühlen lassen.
- Nun den Lachs ganz fein hacken. Etwas Sahne dazu und miteinander verrühren.
- Zunächst die Gewürze, dann die Kräuter im Mörser zerstoßen und den Lachsaufstrich damit würzen. Wenn nötig, noch etwas von der Brühe dazugießen, denn der Aufstrich sollte sämig sein.

Dazu passen Fladenbrot und Dinkelbrot.

Variante: Statt Lachs andere Fischsorte verwenden.

Fischbällchen

Für 4 Personen

Die Alamannen verwendeten zu diesem Gericht verschiedene Fische. Historisch belegt sind unter anderem Aal, Hecht, Forelle, Einauge, Lachs und Dorsch.

Zutaten

1 Bund Petersilie zum Bestreuen
Liebstöckel
Petersilie
Schnittlauch
Muskat
Koriander
Kerbel
Bohnenkraut
Majoran
Estragon
200 g Fischfilet nach Wahl
1 Eigelb
1 Eiklar
Salzwasser
1 l Fischfond (vgl. S. 98)
Salz, Pfeffer
Knoblauch (optional)
Zitronensaft (optional)

Zubereitung

- Petersilie fein hacken.
- Die Kräuter im Mörser zerkleinern.
- Das Fischfilet ganz fein schneiden (Fischhack).
- Das Fischhack mit dem Eigelb gut zu einer Fischmasse vermischen und mit den Kräutern abschmecken.
- Das Eiklar zu einem sehr steifen Schnee schlagen und vorsichtig unter die Fischmasse heben.
- Salzwasser in einem Kessel zum Kochen bringen. Aus der Masse Fischbällchen formen und in das Salzwasser geben. Das Wasser darf nicht zu stark kochen.
- Wenn die Bällchen oben schwimmen, diese noch 2–3 Minuten ziehen lassen und aus dem Kessel nehmen.
- Nun den Fischfond im Kessel erhitzen (nicht kochen lassen) und die Fischbällchen dazugeben.
- Wer möchte, kann den Knoblauch in kleine Stücke schneiden und ihn mit etwas Zitronensaft in den Fischfond geben.
- Alles in einer Schüssel servieren und mit der gehackten Petersilie bestreuen.

Fischfond

Für 1 Liter Fischfond

Hier werden Fischreste von Forelle, Stör, Dorsch, Neunauge, Hecht und Scholle verwendet. Den Alamannen waren diese heimischen Fische auch schon bekannt. Der Fond dient als Basis für viele Fischgerichte.

Zutaten

2 große Zwiebeln
1 Bund Petersilie
3 TL Butter oder Schmalz
500 ml Weißwein
10 Pfefferkörner
2 TL Salz
3–4 Lorbeerblätter
6 Wacholderbeeren
5 Nelken
etwas Kerbel
etwas Bohnenkraut
etwas Ysop
Majoran
1 l Wasser
1 kg Fischgräten, -köpfe, -fleisch

Zubereitung

- Die Zwiebeln schälen und grob würfeln.
- Die Petersilie grob hacken. Fett im Kessel zerlassen, die Zwiebeln kurz andünsten und mit dem Weißwein ablöschen.
- Nun alles leicht köcheln lassen.
- Die Gewürze und Kräuter im Mörser grob zerstoßen und dazugeben und weitere 10 Minuten leicht köcheln. Dann mit dem Wasser auffüllen und richtig aufkochen lassen.
- Jetzt die Fischreste dazugeben und 1 Stunde sieden lassen.
- Immer wieder den grauen Schaum, der sich oben an der Brühe absetzt, abnehmen.
- Die Brühe mit Inhalt abseihen.
- Nochmals mit den Kräutern abschmecken.

Fischtaler

Für 4 Personen

Zutaten

1 kg Lachs oder Forelle
1 Brötchen
etwas Milch
1 Ei
Salz, Pfeffer
Petersilie
Senfkörner
Estragon
Majoran
Muskat
Öl

Zubereitung

- Fisch enthäuten, entgräten und ganz fein hacken.
- Das Brötchen in der Milch aufweichen und zum Fischhack geben. Das Ei ebenfalls dazugeben.
- Zunächst die Gewürze und dann die Kräuter im Mörser zerstoßen und zu der Fischmasse geben. Alles gut vermengen.
- Das Öl in eine Pfanne geben und erhitzen.
- Aus der Fischmasse kleine Taler formen und von beiden Seiten gut anbraten.

Dazu passen Schmorgemüse, Fladenbrot und Zwiebelmus.

Grillforelle

Für 6 Personen

Zutaten

12 kleine Forellen

Garn und Nadel zum Zunähen

Füllung

2 Zwiebeln
3 Karotten
2 Knoblauchzehen
1 Stange Lauch
¼ Knolle Sellerie
1–2 Bund Petersilie
12 Wacholderbeeren
12 Nelken
12 Lorbeerblätter

Gewürzmischung 1

1 TL Thymian
1 ½ TL Salz
7 Pfefferkörner
15 Senfkörner
1 TL Petersilie
½ TL Schnittlauch
½ TL Estragon
½ TL Kerbel
4 Korianderkörner
3 kleine Salbeiblätter
½ TL Ysop
Zitronensaft
Öl

Gewürzmischung 2

1 ½ TL Salz
2 EL Senfkörner
1 TL Rosmarin
½ TL Thymian
½ TL Estragon
1 TL Bohnenkraut
½ TL Beifuß
½ TL Majoran
6 Pfefferkörner
2 TL Schnittlauch
Zitronensaft
Öl

Zubereitung

- Die Forellen ausnehmen und gut säubern.
- Gemüse für die Füllung putzen und in kleine Würfel schneiden.
- Die Petersilie waschen und grob zerpflücken.
- Die Forellen innen mit etwas Gewürzmischung (Variante 1 oder 2) einreiben und mit dem Gemüse und der Petersilie füllen.
- Bei beiden Gewürzmischungen die Kräuter und Gewürze im Mörser sehr fein zerstoßen und mit dem Zitronensaft und etwas Öl eine Paste herstellen.
- Die Forellen zunähen und außen mit der gleichen Gewürzmischung gut einreiben.
- Die Forellen aufspießen und den Spieß schräg über heiße Glut in den Boden stecken.
- Die Forellen immer wieder am Spieß drehen, damit sie gleichmäßig garen.
- Das Gemüse im Inneren der Forellen als Beilage verwenden.

Alternativ die Forellen auf einem Rost oder in einer Pfanne braten.

GEHÖRT EINFACH DAZU

BEILAGEN

Birnenmus

Für 4 Personen

Zutaten

200 ml lieblicher Weißwein
750 g Birnen
etwas Anis
25 g Butter
1 Eidotter
etwas Honig

Zubereitung

- Den Wein in einen Topf geben und erhitzen.
- Die Birnen entkernen, schälen und in Würfel schneiden.
- Den Anis im Mörser fein zerstoßen.
- Die Butter und die Birnenwürfel zum Weißwein geben und so lange kochen, bis die Birnenwürfel weich sind.
- Alles durch ein Sieb passieren oder abseihen und im Mörser fein zerstoßen.
- Den Eidotter unterschlagen und mit Anis und Honig abschmecken.
- Das Ganze nochmals aufkochen, gut umrühren und servieren.

Variante: Andere Obstsorten verwenden.

GETREIDEBREI

Für 4–6 Personen

ZUTATEN

500 g Dinkel, grob geschrotet
500 ml Wasser
500 ml Milch
1 Prise Salz

ZUBEREITUNG

- Den Dinkelschrot über Nacht im Wasser einweichen.
- Am nächsten Tag den Dinkelschrot abseihen und mit der Milch und dem Salz in einem Kessel bei schwacher Hitze erhitzen und nur ziehen lassen, das heißt den Dinkel quellen lassen und darauf achten, immer wieder umzurühren, damit der Brei nicht anbrennt.

Varianten: Hirse, Gerste oder Hafer verwenden. Äpfel oder Birnen vor dem Kochen dazugeben. Mit Honig, Zimt und Zucker verfeinern. Mit Trockenobst servieren. Mit angebratenen Speckwürfeln und Zwiebeln anrichten.

Bohnenmus

Für 4 Personen

Zutaten

350 g getrocknete weiße Bohnenkerne (Saubohnen)
350 g Apfelmus
1 kleine und 1 große Zwiebel
Schmalz
Majoran
Kerbel
Petersilie
2–3 Korianderkörner
½ TL Zimt
Muskat
Salz, Pfeffer

Zubereitung

- Bohnenkerne über Nacht in Wasser einweichen. Am nächsten Tag abseihen und im Mörser zu Brei zerstoßen. Den Brei in eine Holzschale geben und das Apfelmus unterrühren.
- Die kleine Zwiebel schälen und fein hacken. In einem Kessel das Schmalz erhitzen und die Zwiebel darin andünsten. Das Mus dazugeben, alles erhitzen und 10 Minuten köcheln lassen.
- Die Kräuter und die Gewürze im Mörser fein zerstoßen und damit das Ganze abschmecken.
- Die große Zwiebel schälen und in Ringe schneiden. Diese in Schmalz anbraten und heiß über das Bohnenmus geben.

Varianten: Apfelringe oder Feigenscheiben dazugeben.

Brennnesselcreme

Für 1 Person

Zutaten

1 kleine Zwiebel
200 g Brennnesseln
Öl
500 ml Gemüsebrühe
Salz, Pfeffer
Koriander
Sahne
etwas Mehl
1 Ei

Zubereitung

- Zwiebel und Brennnesseln ganz fein zerhacken.
- Öl in einem Topf erhitzen und Zwiebel darin anbraten. Mit der Gemüsebrühe ablöschen und etwa 20 Minuten köcheln lassen.
- Nun die Brennnesseln dazu und je nach Geschmack mit Salz, Pfeffer und Koriander würzen. Sahne dazugeben und wenn nötig mit etwas Mehl nachdicken.
- Ein Ei pochieren und mit der Brennnesselcreme servieren.

Dazu passen geröstete Brotwürfel.

Brotfladen

Ergibt ca. 20 kleine Fladen für 6 Personen

Zutaten

25 g frische Hefe
450 ml lauwarmes Wasser
500 g Dinkelmehl
Salz, Pfeffer
Majoran
Muskat
1 Teelöffelspitze Honig
etwas Öl

Zubereitung

- Hefe in lauwarmem Wasser auflösen.
- Mehl in eine Schüssel sieben, mit der aufgelösten Hefe zu einem glatten Teig verrühren. Falls nötig, noch etwas Wasser dazugeben. Der Teig soll eine Konsistenz haben wie dicker Pfannkuchenteig.
- Nun den Teig 30 Minuten ruhen lassen.
- Zunächst die Gewürze, dann die Kräuter im Mörser fein zerstoßen und alles mit dem Honig unter den Teig rühren.
- Den Teig nochmals gut 30–45 Minuten ruhen lassen.
- Etwas Öl in der Pfanne erhitzen und mit einer Schöpfkelle Teig hineingeben und wie einen dicken Pfannkuchen von beiden Seiten backen.
- Darauf achten, dass das Feuer nicht zu stark ist, denn sonst verbrennen die Brotfladen.

Varianten: Andere Mehlsorten verwenden, Mehlsorten mischen, Kräuter und Gemüse unter den Teig mischen.

Die Brotfladen können zu jedem beliebigen Gericht gereicht werden.

Dinkelbrei

Für 8 Personen

Zutaten

500 g Dinkelkörner oder -schrot
1 Zwiebel
12 Karotten
Schmalz
1 l Gemüsebrühe
Pfeffer, Salz
Petersilie
Muskat
Ysop
Majoran
Kerbel

Zubereitung

- Dinkel über Nacht in kaltem Wasser einweichen.
- Am nächsten Tag den Dinkel in ein Sieb geben und gut abtropfen lassen.
- Zwiebel und Karotten schälen und in kleine Würfel schneiden.
- Schmalz im Kessel erhitzen und Zwiebel und Karotten darin andünsten.
- Den Dinkel dazugeben und gut umrühren.
- Mit der Brühe auffüllen und gut 35–45 Minuten kochen lassen.
- Wenn der Brei zu dick ist, etwas Brühe nachgießen.
- Nun das Ganze nicht mehr kochen lassen.
- Zunächst die Gewürze, dann die Kräuter im Mörser sehr fein zerstoßen und den Brei damit abschmecken.
- In einer Schüssel den Brei servieren und Brot dazu reichen.

Gurkengemüse

Für 2 Personen

Zutaten

1 Gurke
Dill
Majoran
Kerbel
Petersilie
Salz, Pfeffer
1–3 EL Gemüsebrühe oder Sahne

Zubereitung

- Gurke schälen und halbieren. Mit einem Löffel die Kerne herauskratzen und die Gurkenhälften in feine Scheiben schneiden.
- Diese in der Pfanne bei leichter Hitze kurz schmoren.
- Dill fein hacken.
- Die anderen Kräuter und Gewürze im Mörser fein zerstoßen.
- Die Gurkenscheiben mit den Kräutern und Gewürzen abschmecken und mit der Brühe oder Sahne ablöschen.

Passt zu Fleischgerichten, Fischgerichten und Brotfladen.

Kohlrabigemüse

Für 4 Personen

Zutaten

4 große Kohlrabis
2 Zwiebeln
1–2 Karotten
1 Stange Lauch
Salz, Pfeffer
Bohnenkraut
Ysop
Schnittlauch
Petersilie
Koriander
Öl zum Braten
Gemüsebrühe nach Bedarf
Sahne nach Bedarf

Zubereitung

- Das ganze Gemüse waschen, schälen. Kohlrabis in Würfel schneiden.
- Die Zwiebeln, die Karotten und den Lauch in ganz feine Würfel schneiden.
- Zunächst die Gewürze, dann die Kräuter im Mörser fein zerstoßen.
- Etwas Öl in den Kessel geben und die Zwiebeln, die Karotten und den Lauch darin andünsten. Nun die Kohlrabiwürfel dazugeben und ebenfalls andünsten. Mit Gemüsebrühe ablöschen und 20 Minuten köcheln.
- Zum Schluss mit der Sahne und den Gewürzen verfeinern.

Dazu passen Brotfladen, Nudelflecken, Pfannkuchen und Semmelknödel.

Pikanter Hirsebrei

Für 4 Personen

Zutaten

225 g Hirse
300 ml Wasser
1 Zwiebel
2 Karotten
1 Stange Lauch
Schnittlauch
Petersilie
Ysop
Bohnenkraut
Kerbel
250 ml Milch
Pfeffer, Salz
500 ml Gemüsebrühe

Zubereitung

- Die Hirse mit dem Wasser so zubereiten wie den süßen Hirsebrei (vgl. S. 155).
- Die Zwiebel und die Karotten schälen und in feine Würfel schneiden.
- Den Lauch waschen und in feine halbe Ringe schneiden.
- Die Kräuter fein hacken oder im Mörser fein zerstoßen.
- Wenn der Hirsebrei fast fertig ist, die Milch und das Gemüse dazugeben und alles fertig garen.
- Zum Schluss die Kräuter, Gewürze und je nach Geschmack die Gemüsebrühe dazugeben und alles gut abschmecken.

Dazu passen Bauernbrot und Dinkelbrot.

Nudelflecken

Für eine Portion ein Ei verwenden

Zutaten

Eier
125 g Dinkelmehl pro Ei
Salz, Pfeffer und Muskat nach Bedarf
Wasser

Zubereitung

- Mit den Zutaten einen dicken Nudelteig herstellen. Darauf achten, dass keine Klümpchen entstehen. Der Nudelteig sollte die Konsistenz von Brotteig haben.
- Wenn nötig, den Teig per Hand noch einmal kräftig durchkneten.
- Von dem Teig kleine Flecken abzupfen und in kochendes Salzwasser werfen.
- Wenn die Flecken oben schwimmen, herausschöpfen und zum Hauptgericht servieren.

Passt zu Gulasch mit Pilzen, Rindfleischklößchen, Kesselfleisch und fast jedem Eintopf.

Varianten: Die fertigen Nudelflecken mit verquirltem Ei in einer Pfanne mit etwas Öl kurz braten. Anderes Mehl verwenden (zum Beispiel Hirse, Roggen oder Einkorn).

Pfannkuchen

Für eine Portion ein Ei verwenden

Zutaten

Eier
125 g Dinkelmehl pro Ei
1 Prise Salz
1 Prise Muskat
Milch nach Bedarf
etwas Öl

Füllung süss

- Apfelmus
- Birnenmus
- Pflaumenmus
- Zimt und Zucker

Füllung pikant

- Hackfleisch anbraten und mit Kräutern Gewürzen abschmecken.
- Rohes Gemüse dazu reichen.
- Verschiedene Gemüse andünsten und dazu reichen.

Zubereitung

- Eier, Mehl und Gewürze gut mischen, langsam die Milch dazugeben und alles gut verrühren. Dabei darauf achten, dass sich keine Klümpchen bilden. Es muss langsam ein zähflüssiger Teig entstehen.
- Öl in der Pfanne erhitzen.
- Mit einer Schöpfkelle den Teig hineingeben und dünne Pfannkuchen goldgelb ausbacken.

Variante: Andere Getreidesorten verwenden (zum Beispiel Roggen oder Hirse).

Rahmgemüse

Für 4 Personen

Zutaten

2 große Lauchstangen

3 große Karotten

1 Kohlrabi

etwas Öl oder Schmalz

750 ml Brühe

1 Ei

Pfeffer, Salz

Kümmel

Bohnenkraut

Ysop

200 ml Sahne

Zubereitung

- Das Gemüse waschen, schälen und in Ringe und mundgerechte Stücke schneiden.
- Das Fett im Kessel zerlassen und das Gemüse darin andünsten.
- Mit der Brühe ablöschen und das Gemüse so lange dünsten, bis es bissfest ist. Darauf achten, dass zum Schluss kaum noch Brühe beim Gemüse ist.
- Zunächst die Gewürze, dann die Kräuter im Mörser fein zerstoßen.
- Das Gemüse abschmecken und mit der Sahne verfeinern.

Dazu passen Semmelknödel, Fleischklößchen, Würstchen in Scheiben und Schinkenwürfel.

Rindfleischklösschen

Für 6 Personen

Fleischknödel waren äußerst beliebt. Bei dieser Form der Zubereitung war es sehr einfach, aus wenig mehr zu machen, indem man die Fleischmasse mit Brot und Gemüse streckte.

Auf diese Weise war es auch alten Menschen, die nicht mehr so viele Zähne hatten, und Kleinkindern möglich, Fleisch zu sich zu nehmen.

Das Fleisch hierfür wurde zuerst gegart, dann klein gehackt, mit allerlei Zutaten (wie zum Beispiel Gemüse oder Speck) vermengt, gewürzt und geformt.

Die Knödel wurden heiß oder kalt zu verschiedenen Hauptgerichten oder mit anderen Beilagen serviert oder noch zusätzlich vor dem Servieren angebraten.

Zutaten

750 g Rindfleisch
200 g geräucherter Speck
300 g Puten oder Hähnchenfleisch
2–3 alte Dinkelbrötchen
1 l Gemüsebrühe oder Wasser
Salz, Pfeffer
Petersilie
Schnittlauch
Muskat
Senfkörner
Majoran
Ingwer
Thymian
Ysop
1–2 Zwiebeln
3 Eier
etwas Dinkelmehl oder -schrot
etwas Weißwein
Wacholderbeeren
Lorbeerblätter
Nelken
1–2 Zweige Liebstöckel

Zubereitung

- Das ganze Fleisch (Rind, Geflügel, Speck) in sehr feine Würfel schneiden (wie Hackfleisch).
- Die Dinkelbrötchen in Gemüsebrühe oder Wasser einweichen und gut ausdrücken.
- Zunächst die Gewürze, dann die Kräuter für die Fleischmasse im Mörser fein zerstoßen und die Zwiebel schälen und ganz fein würfeln.
- Fleisch, Dinkelbrötchen, Zwiebeln, Kräuter, Gewürze und Eier zu einer homogenen Masse zusammenkneten. Wenn nötig, etwas Dinkelmehl oder Dinkelschrot dazugeben.
- Weißwein und Brühe mit den Kräutern (Wacholderbeeren, Lorbeerblätter usw.) zum Kochen bringen.
- Aus der Fleischmasse kleine Kügelchen formen, in die Brühe geben und garen lassen, bis sie oben schwimmen. Danach noch 3 Minuten ziehen lassen. Darauf achten, dass die Brühe nicht mehr kocht.
- Die Klößchen herausnehmen und servieren.

Passen zu Gemüseeintopf und zu Brühe. Kalt auch zu Dinkelbrot, warm zu Kohlrabigemüse, Lauchgemüse, Zwiebelmus und Pfeffersauce.

Rote-Bete-Gemüse

Für 4 Personen

Zutaten

1 kg Rote Bete

1 Zwiebel

1 Knoblauchzehe

etwas Öl

500 ml Gemüsebrühe

Salz, Pfeffer

Senfkörner

Kümmel oder ersatzweise Ysop

Majoran

Zubereitung

- Rote Bete waschen, schälen und in Stücke oder Scheiben schneiden.
- Zwiebel und Knoblauchzehe schälen und fein hacken.
- Öl im Kessel erhitzen. Rote Bete, Zwiebel und Knoblauch kurz darin anbraten. Mit Gemüsebrühe ablöschen und leicht köcheln lassen, bis die Rote Bete weich ist.
- Zunächst die Gewürze und dann die Kräuter im Mörser zerstoßen und das Gemüse damit abschmecken.

Dazu passen verschiedene Fleisch- oder Fischgerichte.

Semmelknödel

Für 4 Personen

Zutaten

6 alte Semmeln (Brötchen)
250 ml Milch
1 Zwiebel
1 Bund Petersilie
2–3 Eier
Salz, Pfeffer
Muskat
Senfkörner
Majoran
Semmelbrösel
1 l Salzwasser
1–2 Zweige Liebstöckel

Varianten: Knödel in Scheiben schneiden und in der Pfanne anbraten. Anbraten, ein verquirltes Ei dazugeben und fertig braten.

Zubereitung

- Die Semmeln in kleine Würfel schneiden und in eine Schüssel geben.
- Die Milch erhitzen und über die Würfel gießen. Alles gut umrühren, mit einem Teller beschweren und 20 Minuten ziehen lassen.
- Zwiebel in feine Würfel schneiden, andünsten und abkühlen lassen.
- Petersilie fein hacken und mit den Zwiebeln unter die Knödelmasse rühren.
- Die Kräuter (außer dem Liebstöckel) und die Gewürze im Mörser fein zerstoßen.
- Wenn die Masse abgekühlt ist, die Eier und die zerstoßenen Kräuter und Gewürze dazugeben und nochmals alles gut durchkneten.
- Sollte die Masse zu flüssig sein, einfach Semmelbrösel unterrühren.
- Die Masse etwas ruhen lassen.
- Knödel formen (alle etwa in der gleichen Größe).
- Das Salzwasser mit dem Liebstöckel in einem Kessel zum Kochen bringen. Das Feuer reduzieren, sodass das Wasser nur noch siedet. Die Knödel darin 20 Minuten ziehen lassen und herausnehmen. Die Knödel sind fertig, wenn sie oben schwimmen.

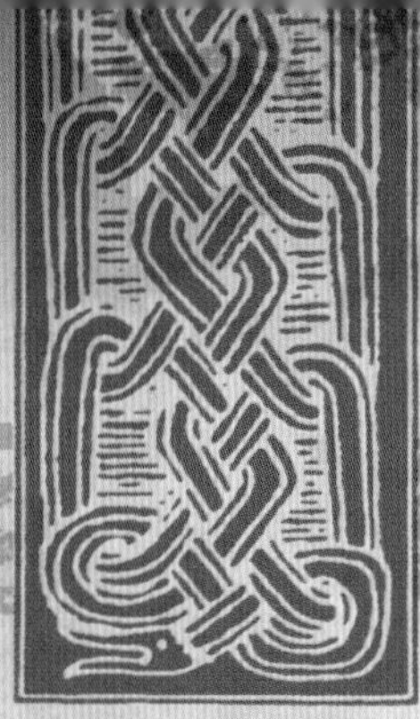

Zwiebelmus

Für 4 Personen

Zutaten

1 kg Zwiebeln
60 g Schmalz
Mehl zum Bestäuben der Zwiebeln
80 g Honig
250 ml Weißwein oder Gemüsebrühe
1 TL Schnittlauch
1 TL Petersilie
½ TL Liebstöckel
Salz, Pfeffer
1 Prise Bohnenkraut
1 Prise Ysop
3–4 Korianderkörner
7–9 Senfkörner

Zubereitung

- Zwiebeln schälen und in feine halbe Ringe schneiden.
- Schmalz in einem Kessel erhitzen und die Zwiebeln darin andünsten. Darauf achten, dass sie nicht braun werden.
- Mit etwas Mehl bestäuben und gut durchrühren.
- Den Honig dazugeben, alles gut miteinander verrühren und so lange braten, bis der Honig anfängt zu karamellisieren.
- Das Ganze mit Weißwein oder Gemüsebrühe vorsichtig ablöschen und so lange köcheln, bis die Zwiebeln gar sind.
- Die Kräuter und Gewürze im Mörser fein zerstoßen und das Zwiebelmus damit abschmecken.

Variante: Statt Weißwein ein wenig Bier oder Met nehmen.

Das Zwiebelmus eignet sich gut als Brotaufstrich oder zu gegrilltem Fleisch. Es schmeckt auch kalt sehr gut.

I-TÜPFELCHEN

SAUCEN

Dillsauce

Zutaten

4 EL Butter
4 EL Mehl
1 l Rinder- oder Gemüsebrühe
Salz
1–2 EL Honig
2 EL Weißweinessig
6 EL gehackter Dill
2 Eigelb

Zubereitung

- Butter in einem Topf zerlassen. Bei schwacher Hitze das Mehl dazugeben und eine helle Mehlschwitze herstellen. Dabei gut umrühren, damit sich keine Klümpchen bilden.
- Mit kalter Brühe ablöschen und unter ständigem Rühren zum Kochen bringen, bis eine homogene Masse entstanden ist.
- Topf vom Feuer nehmen und Salz, Honig, Essig und Dill dazugeben.
- 6–7 EL der Sauce in eine Schüssel geben, die Eigelbe unterrühren und alles in den Topf zurückgeben und gut miteinander vermengen.
- Nicht mehr kochen lassen.

Dazu passen Fisch und gekochtes und gebratenes Fleisch

Honig-Senf-Marinade

Zutaten

2 EL Senfkörner

1–2 EL Zitronenmelisse

2 EL Honig

Zubereitung

♦ Senfkörner und Zitronenmelisse im Mörser ganz fein zerstoßen und mit dem Honig gut vermengen.

Dazu passen Fleisch- und Fischgerichte.

Varianten: Verschiedene Kräuter im Mörser fein zerstoßen und unter die Marinade mischen.

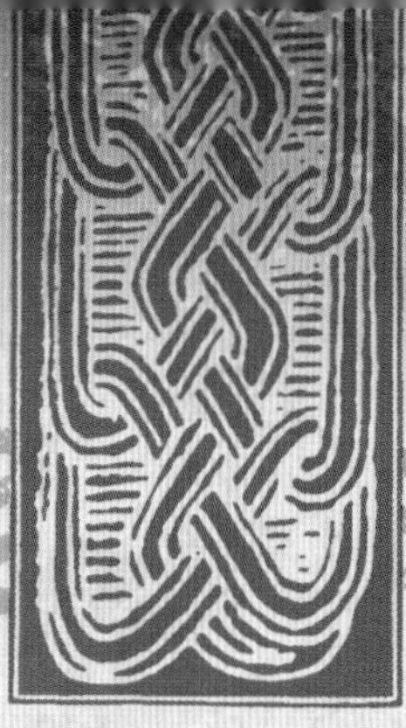

Pfeffersauce

Hier gibt es keine genauen Mengenangaben, damit jeder die Gelegenheit hat, selbst auszuprobieren, wie die Sauce am besten schmeckt.

Allen Pfeffersaucen ist bis heute gemein, dass sie mit Pfeffer, Brot, Brühe, Gewürzen und Säuerungsmittel hergestellt werden. Dies ist auch in der heutigen Zeit noch in Gerichten wie Schweinepfeffer, Hasenpfeffer oder Rehpfeffer der Fall.

Manchmal kommen zerstoßene Leber oder frisches Blut dazu, was der Sauce eine kräftige Farbe gibt.

Zutaten

Dinkel oder
Weizenbrotscheiben
(pro Person etwa 2 Scheiben)
Brühe
Pfeffer
Zimt
Ingwer
Pastinake
Essig oder Zitronensaft
Nelken

Zubereitung

- Das Brot entrinden und in Würfel schneiden.
- In einer Pfanne dunkel anrösten.
- Danach in der Brühe (so viel, dass die Brotscheiben bedeckt sind) einweichen, durch ein Sieb passieren und die Masse in einen Topf geben.
- Die Gewürze und Kräuter (außer den Nelken) im Mörser fein zerstoßen und dann zu den passierten Brotwürfeln geben. Mit Essig oder Zitronensaft abschmecken und im Kessel mit Nelken alles aufkochen lassen, bis die Sauce andickt.
- Die Sauce noch warm zum Fleisch servieren.

DAMIT ES FEINER WIRD

GEWÜRZE/ÖLE

Gewürzmischungen zum

Hier gibt es keine Portionsangaben – einfach ausprobieren

Eingelegtes Gemüse

Zutaten

Zwiebel
Meerrettich
Dill
Lorbeerblätter
Pfefferkörner
Koriander
Nelken
Senfkörner
Kerbel
Ysop
Kümmel
Petersilie
Salz
Schnittlauch
Wasser, Wein und Essig

Zubereitung

- Zwiebel und Meerrettich schälen, anschließend fein hacken.
- Die Kräuter und Gewürze gemeinsam im Mörser fein zerstoßen. So kann die Mischung zum Würzen und Anbraten verwendet werden.
- Soll das Gemüse mit der Mischung konserviert werden, alle Zutaten mit Wasser, Wein und Essig vermengen.
- Das Gemüse (zum Beispiel Karotten, Gurken, Pastinaken, Kohlrabi usw.) in einen Tontopf schichten und mit der Flüssigkeit bedecken.
- Das Gefäß gut abdecken. So einige Wochen lang haltbar.

Wildgerichte

Zutaten

Thymian
Koriander
Lorbeerblätter
Tannennadeln
Zimt
Wacholderbeeren
etwas Öl
Oregano
Rosmarin
Kümmel
Salz
Pfeffer

Zubereitung

- Die Gewürze und Kräuter im Mörser fein zerstoßen.
- Mit dem Öl eine Paste herstellen.
- Die Paste eignet sich sowohl zum Abschmecken als auch zum Marinieren.
- Möchte man das Wild mit der Kräutermischung konservieren, gibt man Wasser, Wein und Essig dazu. Das Fleisch in einen Tontopf geben und mit der Kräuterflüssigkeit übergießen, sodass das Fleisch bedeckt ist.

WURSTWAREN

Zutaten

Pfeffer	Muskat
Koriander	Muskatblüte
Kardamom	Kümmel
Majoran	Ingwer
Thymian	Salz

Zubereitung

- Alle Zutaten im Mörser fein zerstoßen.
- Fleisch oder Wurst mit der Gewürzmischung abschmecken, oder das Fleisch vor dem Braten damit einreiben.
- Als Würze zum Braten: Etwas Öl zu den Kräutern geben und das Fleisch (zum Beispiel Hirsch, Reh, Wildhase usw.) vor dem Braten damit einreiben.

OBST

Zutaten

Zimt	Kardamom
Nelken	etwas Essig
Ingwer	etwas Wasser
Anis	

Zubereitung

- Alle Zutaten im Mörser fein zerstoßen und zum Obst geben.
- In einem Tontopf einschichten und eventuell etwas Essig und Wasser dazugeben.

Gewürzöl

Zutaten

1 ½ TL schwarzer Pfeffer
1 TL Korianderkörner
5 Wacholderbeeren
1 ½ TL Senfkörner
3 Nelken
2 Lorbeerblätter
1 Zweig frischer Thymian
1 Zweig frischer Rosmarin
2 Zweige frische Petersilie
1–2 l Öl

Zubereitung

- Die getrockneten Kräuter im Mörser grob zerstoßen und in der Pfanne (ohne Fett und Öl) vorsichtig anrösten.
- In ein Tongefäß geben und mit dem Öl aufgießen.
- Die frischen Kräuter dazugeben und das Tongefäß schließen.
- Das Öl 2 Tage ruhen lassen und dann alles aufschütteln. Nun wieder einige Tage stehen lassen, aber zwischendurch immer wieder aufschütteln.

Kräuteröl

Zutaten

1 Zweig Oregano
2–3 Zweige Petersilie
1 Zweig Thymian
1 Zweig Rosmarin
1 Zweig Bohnenkraut
ein paar Blätter Ysop
2 Lorbeerblätter
2 Nelken
3–4 Stängel Schnittlauch
1–2 Stängel Wildknoblauch (Bärlauch)
1,5 l Öl

Zubereitung

- Alle Kräuter im Mörser grob zerstoßen.
- In ein Tongefäß geben und mit dem Öl auffüllen und gut verschließen.
- In den ersten zwei Wochen jeden zweiten bis dritten Tag das Tongefäß schütteln, damit sich die Kräuter und das Öl gut vermischen können. Danach das Gefäß nochmals 2 Wochen in Ruhe stehen lassen.

Die Öle sind nach Fertigstellung mindestens 1 Monat haltbar. Sie können zum Braten und Kochen oder als Marinade für Fleisch, Fisch und Gemüse verwendet werden.

ZUM SCHLEMMEN

SÜSSE SPEISEN

Gebackener Alamanne

Pro Person 1–2 Brotscheiben

Für dieses Rezept eignet sich auch altes Brot, zum Beispiel Dinkelbrot, Roggenbrot oder Weizenbrot.

Zutaten

Milch
Ei
Muskat
Pfeffer, Salz
Schmalz zum Ausbacken
Zimt
Honig (optional)

Zubereitung

- Das Brot entrinden.
- Milch in eine Schüssel geben.
- Ei in eine flache Schüssel aufschlagen, Gewürze dazugeben.
- Die Brotscheiben auf beiden Seiten erst durch die Milch und dann durch das Ei ziehen.
- Das Fett in einer Pfanne erhitzen und die Brotscheiben darin goldbraun anbraten.
- Mit Zimt bestreuen und servieren.
- Wer möchte, kann die Milch mit etwas Honig süßen oder den Honig auf die fertigen Brote träufeln.

Dazu passen Birnenmus, Apfelmus, Pflaumenmus und Kirschmus oder -saucen.

Gebackene Apfelscheiben

Für 4 Personen

Zutaten

1 Ei
125 g Mehl
Milch nach Bedarf
1 Prise Salz
2 EL Honig
1 Apfel
1 l Öl

Zubereitung

- Ei, Mehl, Milch, Salz und Honig zu einem dicken Pfannkuchenteig zusammenrühren.
- Apfel entkernen und in Ringe schneiden.
- In einer Pfanne ausreichend Öl erhitzen.
- Die Apfelringe durch den Teig ziehen und im Öl goldbraun ausbacken.

Dazu passen Früchte oder Nüsse.

Varianten: Statt Äpfel Birnen verwenden oder zusätzlich mit Honig süßen.

Karamellisierte Feigen

Für 1 Person

Zutaten

Haselnüsse oder andere Nüsse	Honig
2 Feigen	150 ml Wasser oder Sahne
1 Stück Butter	

Zubereitung

- Die Nüsse grob hacken.
- Feigen vierteln.
- Die Butter in einer Pfanne heiß werden lassen.
- Die Feigenviertel darin kurz anbraten. Honig darübergießen und karamellisieren lassen.
- Mit dem Wasser oder der Sahne ablöschen und kurz aufkochen lassen.
- Lauwarm auf einem Teller servieren.

Süsser Hirsebrei

Für 4 Personen

Zutaten

100 g Rosinen	750 ml Milch
etwas Weißwein	Honig
250 g Hirse	50 g geschälte Mandeln
300 ml Wasser	50 g getrocknete Feigen

Zubereitung

- Die Rosinen in etwas Weißwein einweichen.
- Die Hirse in einen Topf geben und mit dem Wasser bedecken. Auf kleiner Flamme unter ständigem Rühren kochen. So viel Wasser zugießen, dass ein fester Brei entsteht.
- Die Milch dazugießen und, wenn die Hirse weich ist, etwas Honig zugeben und alles gut umrühren.
- Danach die Rosinen abgießen und mit den Mandeln zu der Hirse geben.
- Nochmals mit etwas Honig abschmecken.
- Den Hirsebrei in der Tellermitte anrichten und mit den getrockneten Feigen garnieren.

Der Hirsebrei kann kalt oder warm serviert werden. Wird er kalt serviert, nochmals mit etwas Milch auflockern, sonst ist er zu fest. Kann auch mit Mus oder frischem Obst serviert werden.

ZUM AUSPROBIEREN

ALLERLEI

Brot backen

Zutaten

800 g Dinkelmehl

200 g Dinkelschrot

5 TL Salz

500 ml lauwarmes Wasser

1 TL Honig

Zubereitung

- Alles zu einem Teig zusammenkneten und einen Laib formen.
- Dann in einem Tonbackofen oder in der Glut einer Feuergrube ausbacken.
- Die Zeit variiert je nach Dicke des Laibes und Zutaten. Durch Klopfen auf das Brot kann man feststellen, ob es fertig gebacken ist. Fertiges Brot klingt hohl.

Knoblauchbrot

Für 1 Person

Zutaten

Öl

2 Brotscheiben

3 Knoblauchzehen

Zubereitung

- Öl in einer Pfanne erhitzen und die Brotscheiben auf beiden Seiten gut anrösten.
- Herausnehmen und eine Seite mit Knoblauchzehen nach Geschmack einreiben.

Dazu passen Eintöpfe und Suppen.

Varianten: Salz darüberstreuen oder mit verschiedenen Gewürzen bestreuen.

Fruchtsäfte

Zutaten	Zubereitung
Früchte nach eigener Wahl, z. B. Äpfel, Birnen, Zwetschgen, Holunderbeeren, Trauben oder Brombeeren	♦ Früchte waschen und Staub, Schmutz und dergleichen entfernen. ♦ Früchte pressen, Saft auffangen und abfüllen. ♦ Fruchtsäfte bald verbrauchen, da es sonst zu ungewünschtem Gären oder gar Schimmelbildung kommen kann.

Dörren

Zutaten	Zubereitung
Obst nach eigener Wahl	♦ Obst in dünne Scheiben schneiden und auf einen Rost legen. ♦ Den Rost in ausreichender Höhe über einem kleinen Feuer aufhängen, sodass das Obst langsam trocknet.

Variante: Auch mal mit Gemüse versuchen.

EBENFALLS BEI Zauberfeder

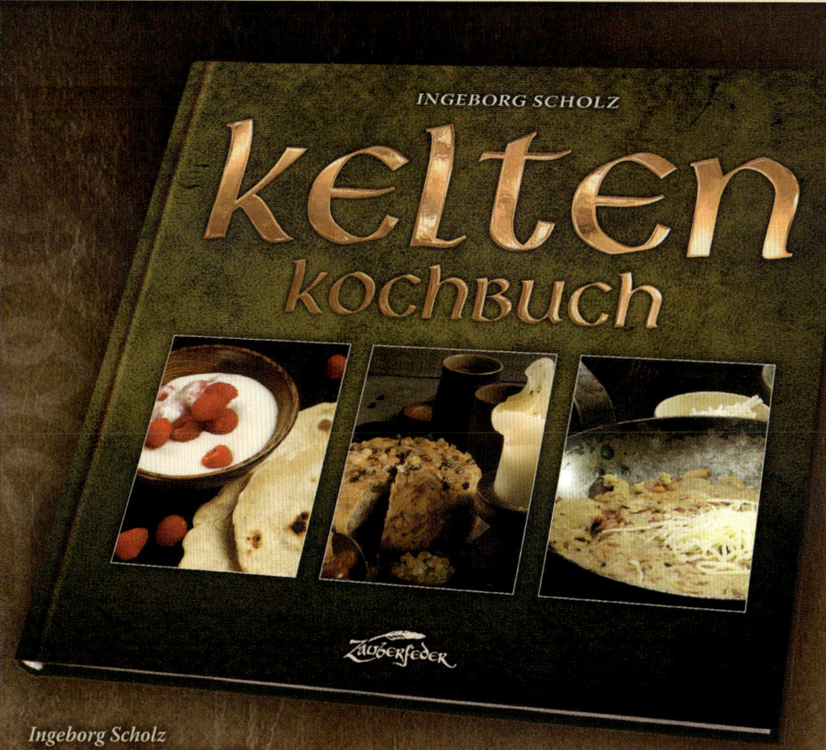

Ingeborg Scholz
KELTEN-KOCHBUCH
136 Seiten, Hardcover, 21 x 20 cm, ISBN 978-3-96481-005-2

Rannveig Moroldsdotter
KOCHEN WIE DIE WIKINGER
208 Seiten, Hardcover, 21 x 20 cm
ISBN 978-3-938922-31-6

Saeta Godetide
WIKINGER-KOCHBUCH
144 Seiten, Hardcover, 21 x 20 cm
ISBN 978-3-96481-003-8

Volker Bach
LANDSKNECHT-KOCHBUCH
152 Seiten, Hardcover, 21 x 20 cm
ISBN 978-3-96481-012-0

HIGHLANDER-KOCHBUCH
112 Seiten, Hardcover, 21 x 20 cm
ISBN 978-3-938922-94-1

Christian Eckert
GLADIATOREN-KOCHBUCH
128 Seiten, Hardcover, 21 x 20 cm
ISBN 978-3-938922-99-6

Edgar Comes
RÖMER-KOCHBUCH
128 Seiten, Hardcover, 21 x 20 cm
ISBN 978-3-938922-86-6

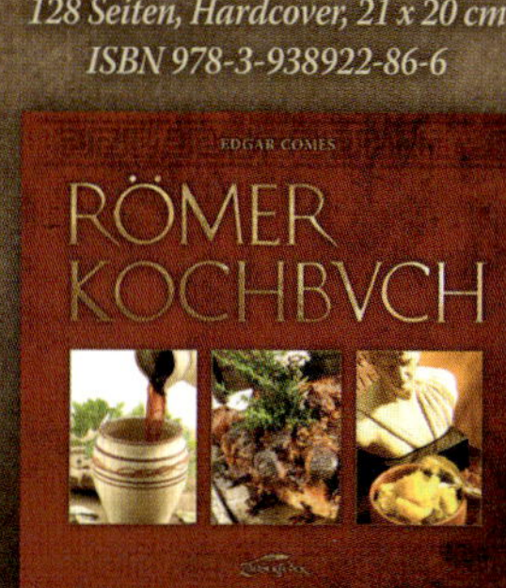

Tatjana Junker
LAGERKÜCHE
116 Seiten, Hardcover, 21 x 20 cm
ISBN 978-3-96481-000-7

WWW.ZAUBERFEDER.DE · WWW.ZAUBERFEDER-SHOP.DE

Literaturhinweise

Apicius, Marcus Gavius: *De re coquinaria/Über die Kochkunst. In: Maier, Robert (Hg.): Das römische Kochbuch des Apicius. Vollständige zweisprachige Ausgabe*. Stuttgart, 1991.

Christlein, Rainer (Hg.): *Die Alamannen. Archäologie eines lebendigen Volkes*. Stuttgart, 1979.

Döbler, Hansferdinand (Hg.): *Die Germanen. Legende und Wirklichkeit von A–Z*. Orbis, 2000.

Ehlert, Trude (Hg.): *Das Kochbuch des Mittelalters*. Bonn, 2000.

Freeden von, U./Schnurbein von, S./Bau, F. (Hg.): *Germanica. Unsere Vorfahren von der Steinzeit bis zum Mittelalter*. Weltbild, 2007.

Fuchs, Dr. Karlheinz u. a. (Hg.): *Die Alamannen*. Stuttgart, 2001.

Geuenich, Dieter (Hg.): *Geschichte der Alemannen*. Köln, 1997.

Grünewald, Mathilde: *Glühwein und Heißgetränke in der Merowingerzeit*. In: Drauschke, J./Prien, R./Reis, A. (Hg.): *Küche und Keller in Antike und Frühmittelalter. Tagungsbeiträge der Arbeitsgemeinschaft Spätantike und Frühmittelalter*. Friedrichshafen, 2012.

Hajek, Hans (Hg.): *Das buoch von guoter spise. Aus der Würzburg-Münchener Handschrift*. Berlin, 1958.

Hammerbacher, Hans Wilhelm: *Die hohe Zeit der Sueben und Alamannen*. Heusenstamm, 1974.

Hoops, Johannes (Hg.): *Reallexikon der Germanischen Altertumskunde*. Band 12: *Getränke – Greiftierstiel*. Berlin, 1998.

Kokabi, M./Rösch, M: *Knochen und Pflanzenreste des frühen Mittelalters von Lauchheim, Ostalbkreis*. In: *Archäologische Ausgrabungen in Baden-Württemberg*, 1990.

Krapp, Karin (Hg.): *Die Alamannen. Krieger – Siedler – frühe Christen*. Stuttgart, 2007.

Künzl, Ernst (Hg.): *Die Germanen. Geheimnisvolle Völker aus dem Norden*. Stuttgart, 2008.

Kybal, Jan (Hg.): *Unsere Gewürze und Küchenkräuter*. Köln, 1981.

Literarischer Verein Stuttgart (Hg.): *Ein Buch von guter Speise*. Stuttgart, 1844.

Lutz, Peter (Hg.): *Herrenspeis und Bauernspeis: Krumme Krapfen, Ollapotrida und Mamonia. Rezepte aus der mittelalterlichen Burgküche*. Nidderau, 2003.

MacHoy, Peter/Westland, Pamela (Hg.): *Die Kräuterbibel*. Köln, 1998.

Maier, Robert (Hg.): *Liber de Coquina. Das Buch der guten Küche*. Frankfurt 2005.

Newdick, Jane (Hg.): *Kräuter. In der Küche, für Kosmetik und Gesundheit, zum Schmuck in Haus und Garten*. Stuttgart, 1996.

Peschke von, Hans Peter/Feldmann, Werner (Hg.): *Das Kochbuch der alten Römer*. Düsseldorf, 2003.

Rösch, Manfred: *Die Gärten der Alamannen. Bodenfunde zeigen ein neues Bild vom Pflanzenanbau nördlich der Alpen*. In: *Denkmalpflege in Baden-Württemberg*, Bd. 35, 3 (2006).

Stork, Ingo (Hg.): *Fürst und Bauer – Heide und Christ. 10 Jahre archäologische Forschungen in Lauchheim/Ostalbkreis*. Stuttgart, 2001.

Vogt-Lüerssen, Maike (Hg.): *Der Alltag im Mittelalter*. Berlin, 2006.

Museen und Sonstiges

Alamannenmuseum Ellwangen, Haller Straße 9, 73479 Ellwangen/Jagst, Tel.: 07961 969747, www.alamannenmuseum-ellwangen.de

Landesmuseum Württemberg, Schillerplatz 6, 70173 Stuttgart, Tel.: 0711 89535111, www.landesmuseum-stuttgart.de

Germanisches Nationalmuseum, Kartäusergasse 1, 90402 Nürnberg, Tel.: 0911 1331-0, www.gnm.de

Alamannenmuseum Weingarten, Karlstraße 28, 88250 Weingarten, Tel.: 0751 405125, www.stadt-weingarten.de/museen-galerien/alamannenmuseum

www.raetovarier.de

Limesmuseum Aalen, St.-Johann-Straße 5, 73430 Aalen, Tel.: 07361 5282870, www.limesmuseum.de

Danksagung

Wir danken allen, die uns beim Erstellen des Kochbuches geholfen und unterstützt haben. Besonderer Dank gebührt hier unseren Familien, die viele Stunden auf uns verzichten mussten.

Trockenfleisch

Für 4 Personen

Zutaten

1 kg Rindfleisch
(am besten Hüfte)
viel Salz
Senfkörner
Pfefferkörner
6 EL Essig
Garn zum Aufhängen

Zubereitung

- Fleisch komplett vom Fett befreien und in 3–4 cm breite Scheiben schneiden. Darauf achten, dass das Fleisch längs der Faser geschnitten wird, da es sich sonst kaum abbeißen lässt.
- Salz und Senf- und Pfefferkörner gemeinsam im Mörser zerstoßen und mit dem Essig zu einer Paste verrühren.
- Das Fleisch damit gut einreiben und in einer Tonschale abgedeckt 28 Stunden ziehen lassen.
- Danach die Fleischstreifen gründlich trocken tupfen und an einem Ende einen Faden durch das Fleisch ziehen. Das Gebinde an zum Beispiel einen Besenstiel binden.
- Dies nun an einem sehr luftigen Ort für drei Wochen aufhängen.

Dazu passen Eintöpfe und Suppen.

Varianten: Verschiedene Marinaden ausprobieren oder andere Fleischsorten verwenden.

Kräuterbutter

Zutaten

1 Knoblauchzehe
Salz, Pfeffer
Petersilie
Schnittlauch
Majoran
Senfkörner
Bohnenkraut
Oregano
Ysop
500 g weiche Butter

Zubereitung

- Die Knoblauchzehe schälen und in kleine Stücke hacken.
- Die Gewürze, die Kräuter und die Knoblauchzehe im Mörser fein zerstoßen.
- Die weiche Butter mit den Gewürzen vermischen und abschmecken.

Dazu passen Fleisch und Fisch, gegrillt oder gebraten, und Brot.